A caminho da Eucaristia

2ª etapa – Catequizando

Dados Internacionais de Catalogação na Publicação (CIP)
(Câmara Brasileira do Livro, SP, Brasil)

Pincinato, Maria de Lurdes Mezzalira
  A caminho da Eucaristia : 2ª etapa, catequizando / Maria de Lurdes Mezzalira Pincinato. 9. ed. – Petrópolis, RJ : Vozes, 2014.

7ª reimpressão, 2024.

ISBN 978-85-326-3441-2

Bibliografia.

1. Catequese – Igreja Católica 2. Catequistas 3. Ensino religioso – Compêndios para crianças – Igreja Católica 4. Eucaristia 5. Primeira Comunhão – Estudo e ensino I. Título.

06-9421 CDD-268.82

Índices para catálogo sistemático:

1. Catequese : Igreja Católica   268.82

Maria de Lurdes Mezzalira Pincinato

A CAMINHO DA EUCARISTIA

2ª etapa – Catequizando

Petrópolis

© 2007, Editora Vozes Ltda.
Rua Frei Luís, 100
25689-900 Petrópolis, RJ
www.vozes.com.br
Brasil

Todos os direitos reservados. Nenhuma parte desta obra poderá ser reproduzida ou transmitida por qualquer forma e/ou quaisquer meios (eletrônico ou mecânico, incluindo fotocópia e gravação) ou arquivada em qualquer sistema ou banco de dados sem permissão escrita da editora.

CONSELHO EDITORIAL

Diretor
Volney J. Berkenbrock

Editores
Aline dos Santos Carneiro
Edrian Josué Pasini
Marilac Loraine Oleniki
Welder Lancieri Marchini

Conselheiros
Elói Dionísio Piva
Francisco Morás
Gilberto Gonçalves Garcia
Ludovico Garmus
Teobaldo Heidemann

Secretário executivo
Leonardo A.R.T. dos Santos

PRODUÇÃO EDITORIAL

Aline L.R. de Barros
Jailson Scota
Marcelo Telles
Mirela de Oliveira
Natália França
Otaviano M. Cunha
Priscilla A.F. Alves
Rafael de Oliveira
Samuel Rezende
Vanessa Luz
Verônica M. Guedes

Coordenação editorial: Marilac Loraine R. Oleniki
Editoração e org. literária: Fernando Sergio Olivetti da Rocha
Diagramação: AG.SR Desenv. Gráfico
Capa: André Esch

ISBN 978-85-326-3441-2

Este livro foi composto e impresso pela Editora Vozes Ltda.

SUMÁRIO

Apresentação, 7

CATEQUESES CELEBRATIVAS, 9

1ª – Eu creio em Deus Pai todo-poderoso, criador do céu e da terra, 11

2ª – Eu creio em Jesus Cristo, seu único Filho, nosso Senhor, 14

3ª – Eu creio que Jesus morreu e ressuscitou, 16

4ª – Jesus está no céu e vai voltar, 19

5ª – Eu creio no Espírito Santo, 22

6ª – Somos o povo santo de Deus, 25

7ª – Jesus, Sacramento de salvação na Igreja, 29

8ª – Na Igreja, eu recebi o Batismo, 34

9ª – Eu aceito o meu Batismo, 37

10ª – Viver a fé – Os sacramentos na vida do cristão: Confirmação, Matrimônio, Ordem, 41

11ª – Pelo pecado me afasto de Deus, 44

12ª – Jesus veio cumprir e aperfeiçoar a Aliança, 48

13ª – Jesus deu um novo mandamento, 52

14ª – Para amar, preciso me amar, 56

15ª – Deus, que é misericórdia e perdão, chama-me à conversão, 60

16ª – Na Igreja eu me reconcilio com Deus, com o próximo, comigo mesmo e com a natureza, 64

17ª – Um povo celebra a Páscoa, 69

18ª – Jesus celebra a Páscoa, 73

19ª – Jesus é o Pão da Vida, 77

20ª – A Eucaristia é um sacrifício, 81

21ª – A Eucaristia é uma ressurreição, 84

22ª – "A Eucaristia é uma festa" – Como receber a Eucaristia, 87

CATEQUESES LITÚRGICAS, 91

1ª – Jesus nos ensina a servir, 93

2ª – Páscoa: vida nova para todos, 97

3ª – Pentecostes: o sopro do Espírito Santo, 100

4ª – Maria prefigurada no Antigo Testamento nos ensina a viver, 104

5ª – "Solenidade do Santíssimo Corpo e Sangue de Cristo": dom de amor, 107

6ª – Vocação, escolha e chamado de Deus, 112

7ª – Missão: projeto de ação permanente de Jesus e da Igreja, 116

8ª – Família, Igreja doméstica, 121

Apresentação

*N*a missão de evangelizar, obra precípua da Igreja, a catequese ocupa lugar privilegiado. É indispensável introduzir na fé as crianças, aprofundar no conhecimento e na vivência os jovens e adultos. Na verdade, nenhuma pessoa está plenamente integrada na fé enquanto caminha neste mundo. Estamos sempre em crescimento. Somos sempre discípulos, isto é, aprendizes das Palavras do Senhor.

Para integrar as pessoas na fé, um método adequado e atualizado é instrumento indispensável. Ele funciona como balizas no trânsito, como sinais nas estradas. Sem eles o caminho existe, mas acertar a direção e evitar os enganos e perigos se torna quase impossível.

O método que aqui apresento já é realidade na Diocese de Jundiaí há vários anos, tendo sido iniciado seus primeiros passos em 1995, mas foi se desenvolvendo e crescendo em todos os aspectos, cada vez correspondendo mais às aspirações das comunidades e de seus pastores, os padres e diáconos permanentes que o têm aplicado com muito fruto nas paróquias. Tendo assumido a Diocese de Jundiaí como seu bispo diocesano há dois anos, tomando conhecimento do método e percebendo sua eficácia e excelência, apoiei e incentivei sua autora, a catequista Maria de Lurdes Mezzalira Pincinato, a publicá-lo, a fim de que outras comunidades deste vasto Brasil pudessem usufruir deste primoroso trabalho.

O método é celebrativo em lugar de expositivo, porque para se conhecer a Deus não se pode fazer apenas pela razão, mas além dela deve-se envolver todos os elementos do ser humano. Não se faz catequese para saber conceitos apenas, mas muito mais para vivenciar com consciência o mistério de Jesus Cristo, Deus e Homem verdadeiro, Verbo encarnado para a salvação da pessoa humana.

Em minha experiência de pároco e de professor por mais de 20 anos, antes de minha nomeação episcopal, sempre percebi as lacunas de certos métodos que muitas vezes caíam num racionalismo pouco eficaz, transformando as catequeses em aulas puramente. Sempre me preocupei em orientar meus catequistas e minhas catequistas no sentido de que a finalidade da catequese não deve ser somente fazer o catequizando conhecer as verdades de fé com o seu intelecto, mas possibilitá-los verdadeiramente a um encontro pessoal e amoroso com Cristo, de forma tal que nunca mais o esqueçam. Somente assim se tornariam verdadeiros cristãos e posteriormente missionários conscientes de Cristo no meio social. Vejo neste presente método que privilegia o aspecto celebrativo uma excelente oportunidade para que isto aconteça.

Parabenizo a autora e todos mais catequetas e catequistas da Diocese de Jundiaí, especialmente a todos os que militam no Centro Catequético Diocesano Dom Gabriel.

Louvo a Deus e faço votos que este método que agora se publica sirva imensamente à formação catequética em muitos lugares da Igreja no Brasil e alhures.

Invoco de Deus, pelas mãos de Maria, a Catequista por excelência que trouxe Cristo à humanidade e aos corações, bênçãos para todos quantos utilizarem deste trabalho em favor do Reino de Deus.

Dom Gil Antônio Moreira
Bispo Diocesano de Jundiaí

Catequeses

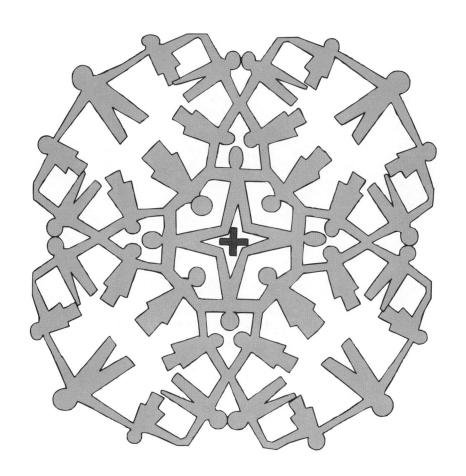

celebrativas

1ª Catequese

EU CREIO EM DEUS PAI TODO-PODEROSO, CRIADOR DO CÉU E DA TERRA

Hoje é dia ____/____/____
Estamos na _____ semana do tempo _____

"Sim, tu amas todos os seres, e nada detestas do que fizeste" (Sb 11,24a).

Vamos ler para conhecer a nossa fé

Deus está na origem de tudo o que foi criado. No livro do Gênesis lemos: "Deus viu que tudo era bom". Tudo o que existe tem origem em Deus.

A maior prova do amor de Deus para com os seres humanos foi Ele ter criado o homem e a mulher a sua imagem e semelhança.

Deus criou a pessoa livre, isto é, a pessoa pode escolher estar com Deus ou rejeitar Deus. Somos livres para acolher a Deus. Aceitar a sua Palavra e realizar, em nossa vida, a sua vontade, que é de sermos felizes. Em Jesus, o Filho de Deus, podemos viver a "vida nova" que Deus preparou com muito amor para todos. Para viver esta vida é preciso tirar do coração toda injustiça, preconceito, mentira e procurar viver a bondade, a partilha, a mansidão, o perdão, enfim, viver o amor.

No ofertório da missa o padre oferece a Deus, juntamente com o pão e o vinho, todas as coisas criadas, rezando: **"Bendito sejais, Deus do universo, pelo pão que recebemos, fruto da terra e do trabalho humano"**. E todos respondem: **"Bendito seja Deus para sempre"**.

Somos convidados a procurar prestar mais atenção no momento do ofertório e responder à oração do presidente da celebração pensando em todas as coisas criadas por Deus e no seu imenso amor por nós, agradecendo e louvando a Deus.

Vamos trabalhar em grupos

✷ Ler as perguntas, trocar ideias, depois responder:

1) De onde nós viemos? _____

_____

2) Para onde vamos? _____

_____

3) O que podemos fazer com a vida que temos? _____

_____

Vamos responder

▪ Agora, leiam com atenção o Sl 136(135),1-9

1) Quem criou todas as coisas? _____

2) Por que Deus fez todas as coisas? _____

_____

3) Faça uma lista de algumas coisas boas, belas e úteis criadas por Deus e desenhe no quadro abaixo aquela de que você mais gosta:

_____

_____

_____

Nosso gesto concreto

✦ Deus nos deu olhos para ver! Deus nos deu pés para ir ao encontro dos que ....

....!

Deus nos deu mãos para agir.

✦ O texto saiu invertido! Procure descobrir o que está escrito.

Somos obra de Deus, criados em Cristo Jesus, em vista das boas obras que Deus de antemão preparou para que nós as praticássemos.

✦ Escreva aqui o texto de Ef 2,10 que você descobriu:

_____

_____

✦ Deus nos ama. Nos criou por amor, em Jesus, para realizar boas obras. Como podemos corresponder ao amor de Deus por nós?

_____

✦ Marque o que você pode fazer com amor para melhorar o mundo, conservando as coisas boas como Deus criou, e como você pode ajudá-lo em sua obra criadora:

( ) Respeitar o que Deus cria.

( ) Estudar para poder servir melhor a todos.

( ) Estudar para garantir seu futuro e ganhar muito dinheiro.

( ) Não se importar com as coisas erradas que são feitas pelos que estão perto de nós.

( ) Ajudar os outros com o que já sabe fazer.

( ) Conservar os jardins e as praças da nossa cidade.

( ) Estragar o trabalho que os outros fizeram com esforço e boa vontade.

( ) Ajudar nossos familiares em suas dificuldades, prestando pequenos serviços.

( ) Ter paciência e dar atenção aos mais velhos (avós, tios ou familiares doentes).

( ) Dar de presente um objeto meu para alguém que precise mais do que eu.

2ª Catequese
EU CREIO EM JESUS CRISTO, SEU ÚNICO FILHO, NOSSO SENHOR

Hoje é dia ____/____/____
Estamos na _____ semana do tempo _____

"E o Verbo se fez carne, e habitou entre nós; nós vimos a sua glória, a glória de Filho Unigênito do Pai, cheio de graça e verdade" (Jo 1,14).

Vamos ler para conhecer a nossa fé

São João começa seu evangelho dando um novo título a Jesus, é o **VERBO** de Deus; ou seja, Jesus é a **PALAVRA** de Deus. É o Filho de Deus que se fez homem para nos ensinar que o Pai nos ama, para ser nosso modelo de santidade.

Jesus viveu com as pessoas, como uma pessoa comum. Jesus andou, comeu e dormiu, Jesus preferia estar com as pessoas: com os doentes, com os pobres, com os que sofrem, com as pessoas humildes que o acolhiam e ouviam o que Ele ensinava.

Jesus era Deus e se fez homem no seio de uma mulher. O nome desta mulher é Maria. No tempo do Natal celebramos o Mistério do nascimento de Jesus. Ele morreu na cruz para nos salvar, reconciliando-nos com Deus e tornando-nos filhos adotivos de Deus.

Onde está Jesus hoje? Ele está no nosso coração. Está em nosso próximo. Está no rosto de cada irmão que sofre, nos doentes, nos aflitos, nos pobres, nos encarcerados, nos que sofrem injustiças, nos que desejam fazer o bem, nos que acolhem os irmãos, nos que perdoam as ofensas.

Vamos procurar na Bíblia

Vamos descobrir quem é Jesus:

☆ Ler os textos Lc 3,22 e Mt 17,5 e copiar a parte que é semelhante nos dois trechos.

_____

_____

☆ Ler Gl 4,4

• Quando Deus enviou o seu Filho?
_____

• Quem é o Filho de Deus?
_____

• Segundo São Paulo, de quem nasceu Jesus?
_____

• Onde Jesus nasceu?
_____

Vivenciando a Liturgia

1) Que gesto podemos fazer quando queremos expressar nossa humildade diante de Deus que nos criou e nos deu Jesus para nos salvar?
_____

2) Em que momentos, nas celebrações, ficamos de joelhos?
_____
_____

Nosso gesto concreto

Jesus é a Palavra de Deus que veio para nos ensinar uma vida nova, para realizar o projeto amoroso de Deus, pelo qual todos são irmãos.

Essa é uma boa notícia que nos leva a tomar uma atitude.

★ Ligue os quadros (escolha uma cor para cada quadro) com as afirmações corretas:

dentro de seu coração

você, na sua família e comunidade

- Tirar do coração o preconceito.
- Ajudar e obedecer aos pais, catequistas e professores.
- Fazer de conta que você é um santo.
- Julgar os colegas e falar mal deles.
- Abrir seu coração para a Palavra de Deus.
- Manter limpos os lugares que você frequenta.
- Julgando a vida dos outros.
- Anunciar o amor de Jesus aos que estão próximos.
- Procurar guardar a Palavra de Deus, colocando-a em prática.
- Ajudar os mais necessitados e os que sofrem.
- Procurar ser humilde como Jesus ensinou.

3ª Catequese — EU CREIO QUE JESUS MORREU E RESSUSCITOU

Hoje é dia ____ / ____ / ____

Estamos na _____ semana do tempo _____

> "Cristo sofreu por vós, e vos deixou um exemplo, para que sigais os seus passos" (1Pd 2,21b).

Vamos ler para conhecer a nossa fé

Nós rezamos: **Creio em Jesus Cristo, seu único Filho, nosso Senhor, que foi concebido pelo poder do Espírito Santo, nasceu da Virgem Maria, padeceu sob Pôncio Pilatos, foi crucificado, morto e sepultado; desceu à mansão dos mortos; ressuscitou ao terceiro dia; subiu aos céus, está sentado à direita de Deus Pai todo-poderoso, donde há de vir a julgar os vivos e os mortos.**

Jesus foi preso e sofreu, padeceu diante de Pilatos. Os sacerdotes e o povo gritavam: "Crucifica-o! Crucifica-o" e Pilatos mesmo sem encontrar culpa em Jesus mandou açoitá-lo. Os soldados teceram uma coroa de espinhos e a colocaram sobre sua cabeça. Jesus tomou a cruz e foi até o Calvário onde foi crucificado. Jesus morreu na cruz.

Por que Jesus quis sofrer tanto? Para que Jesus morreu na cruz? Por quem Jesus morreu?

Na carta aos romanos lemos que é muito difícil alguém dar livremente sua vida por outra pessoa, mesmo que ela seja muito boa (cf. Rm 5,7). Mas Jesus sofreu e morreu porque ama todas as pessoas e de modo especial e particular, para cada uma delas, Ele deu a sua vida, e com a sua morte salvou todos os seres humanos. No entanto, Jesus não permanece na morte. Ele vence a morte e ressuscita glorioso.

Jesus, depois que morreu, "desceu à mansão dos mortos", onde estavam os santos patriarcas: Adão, Noé, Abraão, Isaac, Jacó, José, os profetas e os outros que morreram antes dele. Neste momento, Jesus anuncia para eles o amor de Deus e os conduz para o seu "Reino".

A ressurreição de Jesus é a garantia da nossa fé. É a certeza da nossa ressurreição futura. Jesus, vencedor da morte, convida-nos a seguir pelo mesmo caminho que nos levará à verdadeira vida.

A Palavra de Deus se faz Vida na nossa vida

✓ Desenhe, no espaço ao lado, uma cruz e escreva:

– no chão, aos pés da cruz, em vermelho, as situações de "morte" que estão perto de nós.

– no alto da cruz, as atitudes que geram "vida" para os que estão perto de nós e para nós mesmos.

Nosso gesto concreto

Como podemos **transformar as situações de morte:** a fome, o desemprego, as doenças que acontecem perto de nós, em nossa escola, na família e na vizinhança, **em situações de vida e ressurreição:** como alegria, alimento, roupa, estudo, moradia, etc.

✱ Escreva as respostas nas bandeirinhas.

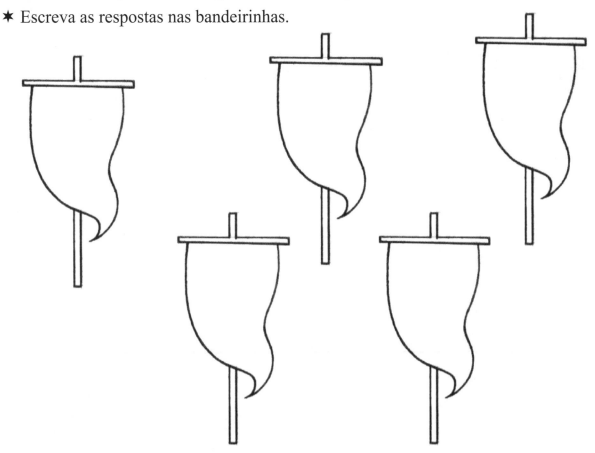

Vivenciando a liturgia

✿ Complete o quadro com a oração de São Francisco indicando atitudes que trazem a MORTE ou a VIDA como no exemplo:

ORAÇÃO DE SÃO FRANCISCO

Senhor, fazei-me instrumento de vossa paz!

Onde houver ódio que eu leve o amor.

Onde houver ofensa que eu leve o perdão.

Onde houver discórdia que eu leve a união.

Onde houver dúvida que eu leve a fé.

Onde houver erro que eu leve a verdade.

Onde houver desespero que eu leve a esperança.

Onde houver tristeza que eu leve alegria.

Onde houver trevas que eu leve a luz.

Ó mestre, fazei com que eu procure mais

consolar, que ser consolado,

compreender que ser compreendido,

amar que ser amado.

Pois é dando que se recebe.

É perdoando que se é perdoado,

e é morrendo que se vive para a vida eterna!

MORTE	VIDA
ódio	**amor**
Não consolar	**consolar**
Não compreender	
Não amar	
Não dar	
Não perdoar	
morte	

Testemunho que convence

✄ Vamos pesquisar nomes de algumas pessoas que doam as suas vidas para livrar outras pessoas do mal, das drogas, da violência, etc. Escreva aqui o nome de algumas destas pessoas que você conhece. Se possível, recorte de jornal fatos e notícias sobre esse assunto. Você pode fazer, em casa, um cartaz bem bonito sobre este assunto e trazer na próxima catequese.

4ª Catequese

JESUS ESTÁ NO CÉU E VAI VOLTAR

Hoje é dia ____/____/____

Estamos na _____ semana do tempo _____

"Ainda não subi para o Pai. Mas vai aos meus irmãos e dize-lhes: Eu subo para o meu Pai e vosso Pai, para o meu Deus e vosso Deus" (Jo 20,17).

Vamos ler para conhecer a nossa fé

Jesus morreu e ressuscitou. Depois que ressuscitou, Jesus passou quarenta dias com os apóstolos ensinando-os e confirmando-os na fé. Depois, "subiu aos céus, está sentado à direita de Deus Pai todo-poderoso, de onde há de vir a julgar os vivos e os mortos" (cf. At 1,3; 10,37-43).

São Paulo, escrevendo aos filipenses, ensina que *"Jesus se humilhou, foi obediente até a morte e morte de cruz. Por isso Deus o exaltou e lhe deu um nome que está acima de todo nome, de modo que ao nome de Jesus se dobre todo joelho no céu e na terra e nos abismos, e toda língua confesse: Jesus é o Senhor"* (cf. Fl 2,6-11).

Aos hebreus, São Paulo escreve ensinando que *"é por isso que Jesus pode salvar definitivamente os que por Ele se aproximam de Deus. Ele vive sempre, para interceder em seu favor"* (Hb 7,25).

Jesus por sua Paixão, Morte e Ressurreição *"se tornou garantia de uma aliança melhor"* (Hb 7,22). Jesus vai voltar para julgar os *"vivos e os mortos"* (Fl 2,8).

Vamos meditar o que lemos e depois responder

• Jesus já salvou todos os seres humanos? _____

• Se Jesus salvou todos os seres humanos, eu não preciso fazer mais nada? _____

_____

• O que devo fazer, então?

_____

* Para responder, procure na Bíblia **Mt 25,31-45**, e complete o quadro:

O que fazem os benditos de Deus	O que fazem os malditos

• Diante do que aprendeu, quando Jesus vier de que lado você quer estar?
_____

• Então, o que você pretende fazer para poder ficar sempre com Jesus no Reino de Deus?
_____
_____
_____

Vivenciando a liturgia

Jesus foi constituído "Senhor" de um povo que caminha.

Os que aceitam caminhar com Jesus se reúnem para celebrar o amor de Deus, formam uma ASSEMBLEIA.

Jesus prometeu que estaria junto dos que estivessem reunidos em seu nome.

O gesto de nos darmos as mãos quando rezamos o Pai-nosso é um sinal visível de nossa união com Deus e com os irmãos.

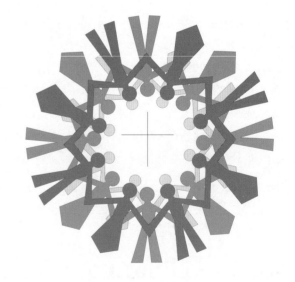

○ Cite outros momentos da nossa vida em que nos damos as mãos:
_____
_____
_____
_____

Celebramos a vida, na Eucaristia

• Vamos abrir a Bíblia na última página e ler os dois últimos versículos, que são do livro do
_____ , capítulo _____ e versículos _____. Este trecho da
Sagrada Escritura anuncia que Jesus *"vem muito em breve"*, e faz uma súplica: *"Vem, Senhor Jesus"*.

Na celebração da Eucaristia, depois da Consagração, o presbítero celebrante diz:

EIS O MISTÉRIO DA FÉ:

A assembleia responde:

**Anunciamos, Senhor, a vossa morte e proclamamos a vossa ressurreição.
VINDE, SENHOR JESUS!**

ou

**Todas as vezes que comemos deste pão e bebemos deste cálice, anunciamos,
Senhor, a vossa morte enquanto esperamos a vossa vinda!**

ou

Salvador do mundo, salvai-nos, vós que nos libertastes pela cruz e ressurreição.

• Vamos memorizar estas orações e procurar viver cada dia esperando pela vinda do Senhor
Jesus.

5ª Catequese

EU CREIO NO ESPÍRITO SANTO

Hoje é dia ___/___/___
Estamos na _____ semana do tempo _____

"Ninguém pode dizer: Jesus é o Senhor, a não ser no Espírito Santo" (1Cor 12,3).

Vamos ler para conhecer a nossa fé

Jesus ensinou muitas coisas aos seus apóstolos, e, antes de subir ao céu, prometeu-lhes que enviaria o Espírito Santo, o Paráclito, que lhes ensinaria toda a verdade.

O Espírito Santo é uma das Pessoas da Santíssima Trindade. Acreditamos em um só Deus, no qual existem três Pessoas: o Pai, o Filho e o Espírito Santo. No Projeto da nossa salvação, o Espírito Santo está em ação com o Pai e o Filho. Devemos toda adoração, toda honra e toda glória ao Pai, ao Filho e ao Espírito Santo.

Todo cristão é batizado em nome do Pai e do Filho e do Espírito Santo. No Batismo recebemos o Espírito Santo, que dá vida nova e que faz desabrochar o amor de Deus em nós e que pode transformar as pessoas.

São João ensina que Deus é amor (1Jo 4,8.16). O primeiro dom é o amor. Todos os demais dons estão contidos no amor. Este amor, escreve São Paulo, "Deus o derramou em nossos corações pelo Espírito que nos foi dado" (Rm 5,5). O cristão repleto do Espírito Santo pode transformar a sociedade, pode transformar o meio em que vive, não importa se é criança, jovem ou adulto. O cristão deve ser agente da esperança e do fogo abrasador do amor de Deus no meio da pobreza, da dor e do sofrimento, porque ele tem dentro de si a força do Espírito de Deus. Muitas pessoas, hoje, sentindo a força do Espírito Santo em seus corações, deixam tudo o que têm para viver este amor de Deus, doando-se a serviço dos irmãos.

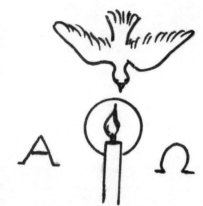

Vamos meditar e responder

Meditar é refletir com a mente dentro do coração.

1) Muitas pessoas receberam o Espírito Santo. Elas tiveram as suas vidas transformadas pela força do Espírito Santo. Você conhece pessoas que têm o Espírito Santo no coração?

_____

2) O que elas fazem?

_____
_____
_____

3) Escreva o nome dessas pessoas.

_____
_____

4) Você sente o Espírito Santo falar e agir em seu coração? Conte em poucas palavras o que foi que aconteceu.

_____
_____
_____
_____

Nosso gesto concreto

A força do Espírito Santo nos ajuda a eliminar de nosso coração os sentimentos que nos atrapalham quando queremos amar a Deus e ao próximo como a nós mesmos. O amor do Espírito Santo nos transforma, motivando-nos a fazer a Vontade de Deus na nossa vida, sendo testemunhas de Jesus.

★ Procure Rm 1,29 e Gl 5,22, e complete o quadro

O Espírito Santo é como um vento que, com força, varre para longe	O fogo do amor do Espírito Santo nos transforma e nos faz ter

23

O Espírito Santo nos santifica e nos conduz hoje na Igreja. Ele transforma as pessoas. Você pode ser transformado pelo poder do Espírito Santo que recebemos em nosso Batismo. O que você pode fazer, com a força do Espírito Santo, que está em seu coração, para mudar as situações de dor, de sofrimento, de tristeza que estão perto de você?

_____
_____
_____
_____

Celebrando a vida, na Eucaristia

Quando nos reunimos em assembleia. Como Igreja, iniciamos nossas orações fazendo o sinal da cruz, dizendo: *"Em nome do Pai e do Filho e do Espírito Santo"*. Terminamos nossas orações, dizendo: ***"por Nosso Senhor Jesus Cristo, na unidade do Espírito Santo. Amém"***. Durante a Missa, na Oração Eucarística, pedimos que o Espírito Santo esteja presente santificando a nossa oferta. Estes são gestos concretos que testemunham a nossa fé; por isso podemos rezar: *"Creio no Espírito Santo"*.

6ª Catequese

SOMOS O POVO SANTO DE DEUS

Hoje é dia ____/____/____
Estamos na _____ semana do tempo _____

"Tu és Pedro, e sobre esta pedra construirei a minha Igreja, e as portas do inferno nunca levarão vantagem sobre ela" (Mt 16,18).

Vamos ler para conhecer a nossa fé

Jesus escolheu doze apóstolos e antes de subir aos céus deu-lhes uma ordem: *"Ide, pois, fazei discípulos meus todos os povos"* (Mt 28,19-20). Depois de Pentecostes, pela força do Espírito Santo, os apóstolos saíram pelo mundo todo anunciando a "Boa-Nova" de Jesus. Eles formavam pequenas comunidades que "frequentavam com assiduidade a doutrina dos apóstolos, as reuniões em comum, o partir do pão e as orações" (At 2,42).

São Pedro, por escolha de Jesus, foi o primeiro Papa. O Papa, Bispo de Roma, é o Pastor da Igreja; é também chamado de Sumo Pontífice. Os Bispos são os sucessores dos Apóstolos. Quando São Pedro morreu como mártir, a Igreja da época se reuniu e escolheu um outro Bispo para ser o novo Papa: São Lino, depois veio Santo Anacleto, São Clemente até chegar no nosso século.

A figura ao lado é a cúpula principal da grande Basílica de São Pedro, que está construída no Vaticano, em Roma. O Vaticano está, dentro da cidade de Roma, na Itália, onde o Papa atual, sucessor de São Pedro, vive. Deste pequeno estado, juntamente com os cardeais, bispos, sacerdotes, religiosos e leigos, o Papa governa a Igreja que está espalhada pelo mundo todo.

Existem milhares de outras igrejas, espaços físicos, onde os cristãos podem celebrar a sua fé. Umas são grandes, outras menores, têm as modernas e as antigas. E, ainda, têm lugares como galpões ou garagens, onde as pessoas celebram a sua fé, em comunidade.

Vamos responder

- Para conhecer o que São Pedro diz da Igreja procure na Bíblia 1Pd 2,9s

1) O que nós somos?

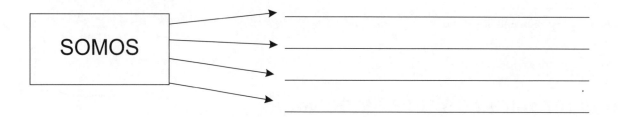

2) Como Jesus está presente na Igreja?
_____

3) O que há dentro da Igreja?
_____
_____

4) O que vale mais: as pedras, a argamassa, o cimento que estão na construção da Igreja, ou o que está dentro da Igreja?
_____

5) Do que há dentro da Igreja, o que é mais importante?
_____
_____

6) O que somos nós, quando estamos reunidos em nome de Jesus?
_____
_____

Apalpando a Palavra de Deus na história: os mártires

Os apóstolos acreditaram em Jesus e se tornaram suas testemunhas. Desde os primeiros tempos, na Igreja, muitos cristãos se tornaram testemunhas de Jesus dando a sua vida para não renunciar à sua fé. São os mártires. Em Roma existem as catacumbas. Nelas eram sepultados os cristãos martirizados. O "Coliseu" era um circo romano. Era usado para as lutas entre os gladiadores e para os festivais onde os cristãos eram dados às feras ou aos lutadores. Muitos foram queimados vivos. Hoje também muitos morrem testemunhando a sua fé em Jesus Cristo. São missionários, evangelizadores, leigos, sacerdotes ou religiosos que partem para lugares distantes para ajudar os pobres, os famintos, os perseguidos, os que sofrem por causa dos desastres da natureza: enchentes, vulcões, abalos sísmicos, guerras, etc.

• Procure descobrir o nome de algum mártir dos primeiros tempos da Igreja ou do nosso tempo atual. Escreva o nome dele no quadro abaixo e cole nele a sua imagem.

Vamos  memorizar

✧ **Procurar viver sempre com o coração:**

> Creio na Santa Igreja católica, na comunhão dos santos, na remissão dos pecados, na ressurreição da carne, na vida eterna. Amém!

Em Jesus somos santos, formamos um só Corpo e estamos em comunhão com os que peregrinam nesta terra, com os que já morreram e estão ainda se purificando de suas faltas e com os bem-aventurados do céu. Com Jesus todos iremos ressuscitar e viver com Ele para sempre no céu.

Jesus ressuscitado nos convida a olhar para Ele e viver a nossa vida na fé. Enquanto estamos neste tempo, somos chamados a viver na esperançosa vigilância, no amor aos irmãos e na comunhão fraterna como Igreja da mesma forma que os primeiros cristãos, conforme At 2,42-47.

✧ Complete o quadro com gestos concretos

OS PRIMEIROS CRISTÃOS VIVIAM	EU HOJE VIVO
unidos de coração	
tinham tudo em comum, entre eles não havia pobres	
eram assíduos na oração	
frequentavam todos os dias o templo	
partiam o pão nas casas	
louvando a Deus, cativando todo o povo	

7ª Catequese

JESUS, SACRAMENTO DE SALVAÇÃO NA IGREJA

Hoje é dia ____/____/____
Estamos na _____ semana do tempo _____

"Quando eu for levantado, atrairei todos a mim" (Jo 12,27-32).

Vamos ler para celebrar o mistério cristão

Jesus é o sacramento de Deus para todos nós. Jesus disse para Filipe: *"Quem me viu, viu o Pai"* (Jo 14,9). Jesus disse ainda: *"Quando eu for levantado, atrairei todos a mim"* (Jo 12,27-32).

Jesus é o sacramento de Deus na terra, porque Ele manifesta o Pai: "Quem me viu, viu o Pai" (Jo 14,9). Jesus deixou na terra a Igreja para que ela seja o sacramento de Jesus. Os sacramentos são sinais da presença de Cristo na Igreja. Todos os sacramentos vêm de Jesus e conduzem para Jesus os que recebem o sacramento.

São sete os sacramentos. O primeiro sacramento, aquele que "abre as portas da Igreja", é o Sacramento do Batismo. O Batismo, a Eucaristia e a Confirmação são chamados de "sacramentos da Iniciação Cristã", porque são os primeiros que devem ser recebidos. Os sacramentos da Penitência e Unção dos Enfermos são os "sacramentos de cura". O Matrimônio e a Ordem são os sacramentos do "serviço e da comunhão". Esses sacramentos ajudam o cristão a viver a sua fé e fazem com que ele se coloque a serviço dos irmãos.

❀ Para compreender o que é um sacramento, vamos formar grupos e dramatizar alguns milagres que Jesus realizou.

• Pinte o quadradinho com o número do seu grupo.

| 1 | Lc 5,12-14 |
| 3 | Mt 20,29-34 |

| 2 | Mc 7,31-34 |
| 4 | Jo 9,1-7 |

• Leiam com muita atenção e depois preparem uma breve dramatização.

Para a dramatização vocês devem valorizar os GESTOS, as PALAVRAS e os SINAIS que foram usados por Jesus nos acontecimentos narrados nas leituras indicadas.

Completem, antes, as frases abaixo. Elas vão ajudar na preparação da dramatização.

1) Citação do Evangelho que vai ser dramatizada é _____

2) Vamos procurar na Bíblia a citação e vamos ler com atenção.

3) Esta citação narra quem são os personagens dessa passagem bíblica? _____

4) O que Jesus faz? _____

_____

5) Como Jesus cura? _____

_____

6) O que o doente faz para ser curado?

_____

_____

7) Depois de curado, o que ele faz?

_____

❀ Agora organize com seu grupo a dramatização:

• cada um escolhe o personagem que vai ser;

• ler novamente o texto;

• fazer um breve ensaio.

• Para dramatizar não é necessário falar igualzinho como está no texto. Por isso, combinem com seu grupo para usar as palavras e gestos que expressem o que compreenderam. Depois de preparados cada grupo se apresenta.

• Para depois da apresentação de cada grupo:

Troque os números pelas vogais correspondentes (1 = a; 2 = e; 3 = i; 4 = o; 5 = u). Use o quadro ao lado para escrever e descubra quais foram os gestos e os sinais usados por Jesus nesses milagres que foram dramatizados.

SINAIS USADOS

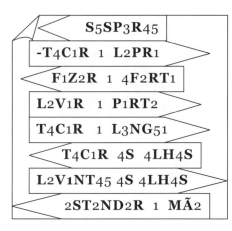

GESTOS

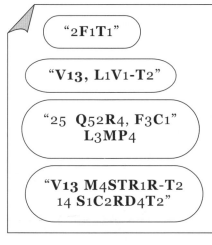

O QUE JESUS DISSE

OS SACRAMENTOS

Diz o Catecismo da Igreja Católica: *"Toda a vida litúrgica da Igreja gravita em torno do sacrifício eucarístico e dos sacramentos. Há na Igreja sete sacramentos: o Batismo, a Confirmação ou Crisma, a Eucaristia, a Penitência, a Unção dos Enfermos, a Ordem, o Matrimônio" (1113). "Celebrados dignamente na fé, os sacramentos conferem a graça que significam. São eficazes porque neles age o próprio Cristo; é Ele quem batiza, é Ele quem atua nos seus sacramentos a fim de comunicar a graça significada pelo sacramento. O Pai sempre atende à oração da Igreja do seu Filho que, na* epíclese *(verbo grego que significa: INVOCAR, CHAMAR) de cada sacramento, exprime a sua fé no poder do Espírito. Assim como o fogo transforma nele mesmo tudo o que toca, o Espírito transforma em vida divina o que é submetido ao seu poder" (1127).*

Deus nos dá sua GRAÇA através dos SACRAMENTOS. Os SACRAMENTOS são os CANAIS da GRAÇA DIVINA. Os SACRAMENTOS são **eficazes** porque neles **age** o próprio JESUS.

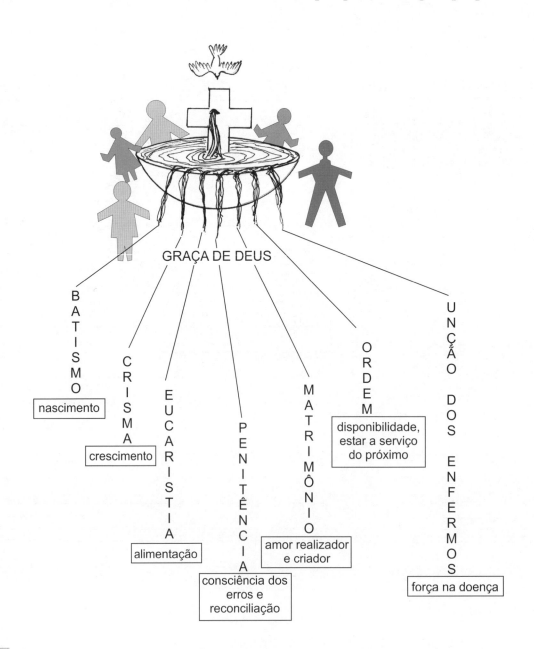

SACRAMENTO	SITUAÇÃO DE VIDA	EFEITO DA GRAÇA	SINAL CONCRETO	FUNDAMENTO BÍBLICO
BATISMO: entrada na comunidade da Igreja – faz filho de Deus.	NASCIMENTO: entrada na família e na comunidade humana.	**Nascer para a nova vida de cidadãos do Reino, como filhos de Deus.**	ÁGUA derramada sobre a cabeça. *"Eu te batizo .... em nome do Pai, do Filho e do Espírito Santo".*	*"Ide, pois, ensinai a todas as nações: batizai-as em nome do Pai e do Filho e do Espírito Santo"* **(Mt 28,18).**
CONFIRMAÇÃO: compromisso de adultos com a Igreja e com o mundo.	A INICIAÇÃO: na vida de adultos.	**Crescer e amadurecer também na fé.**	ÓLEO – IMPOSIÇÃO DAS MÃOS *"Recebe por este sinal o dom do Espírito Santo".*	*"Pedro e João impuseram as mãos sobre as pessoas para que recebessem o Espírito Santo"* **(At 8,17).**
EUCARISTIA: que reúne, une e alimenta a comunidade Igreja.	REFEIÇÃO em que se reúne a família toda.	**Necessidade de alimento para a vida, na fé.**	PÃO E VINHO transformados no Corpo e Sangue de Jesus: *"Isto é meu Corpo, tomai e comei..."– "Este é o cálice da nova e eterna aliança que é derramado por vós..."*	*"Tomai e comei, isto é o meu corpo. Tomai e bebei, isto é o meu sangue"* **(Mc 14,22-24).**
PENITÊNCIA: reconciliação com Deus e com a Igreja.	CONSCIÊNCIA dos próprios erros procurando educar-se. RECONCILIAÇÃO entre os homens.	**Perdão dos pecados e reconciliação com Deus, com o próximo e consigo mesmo.**	CONFISSÃO DOS PECADOS e imposição das mãos. *"Eu te absolvo dos teus pecados, em nome do Pai, do Filho e do Espírito Santo".*	*"Recebei o Espírito Santo, os pecados que perdoardes, serão perdoados"* **(Jo 20,22-23).**
UNÇÃO DOS ENFERMOS: força de Deus para enfrentar a doença e abertura para a comunhão definitiva com o Pai.	DOENÇA e a morte.	**Necessidade de força e coragem numa doença.**	O sacerdote reza e unge com o óleo dos enfermos a testa as mãos e os pés do doente.	*"Chamem os sacerdotes da Igreja, e estes façam oração sobre ele, ungindo-o com o óleo em Nome do Senhor"* **(Tg 5,14).**
MATRIMÔNIO: compromisso do casal diante da Igreja.	FORMAÇÃO de uma nova família no amor do casal e dos filhos.	**O casamento, amor conjugal celebrado com o testemunho e a bênção da Igreja.**	Os NOIVOS fazem a promessa de amor e fidelidade mútua para toda a vida. *"Eu ..... te recebo...... como meu esposo(a) e te prometo ser fiel na dor e na alegria... todos os dias da minha vida".*	*"Por isso o homem deixará seu pai e sua mãe e se unirá a sua mulher; e os dois serão uma só carne, já não são dois, mas uma só carne. Não separe o homem o que Deus uniu"* **(Mt 19,5-6).**
ORDEM SACERDOTAL: serviço (ministério) à comunidade eclesial.	SERVIÇO E DOAÇÃO DE SI em trabalhos em favor dos irmãos da comunidade.	**Alguns são chamados por Deus para servir ao Povo de Deus como sacerdotes.**	O bispo impõe as mãos e invoca o Espírito Santo sobre o novo padre. Também faz a unção com óleo santo das suas mãos e transmite a missão de servir ao povo de Deus.	*"Fazei isto para celebrar a minha memória"* **(Lc 22,19).**

8ª Catequese
NA IGREJA, EU RECEBI O BATISMO

Hoje é dia ____/____/____
Estamos na _____ semana do tempo _____

"Quem não nascer da água e do Espírito não pode entrar no Reino dos céus" (Jo 3,5).

Vamos ler para celebrar o mistério cristão

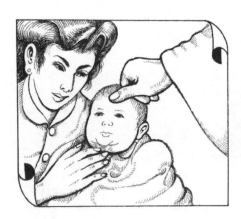

Jesus foi batizado por João. Depois, Jesus recebeu um outro Batismo, na cruz; foi um Batismo de sangue, de morte e ressurreição (cf. Lc 12,50).

Os apóstolos, depois de Pentecostes, anunciaram Jesus morto e ressuscitado, e batizaram os que creram em sua pregação. Os apóstolos receberam de Jesus a ordem de anunciar e batizar, e assim fizeram. A Igreja continua a exercer a missão de anunciar e batizar todos aqueles que creem em Jesus.

Pelo Batismo nos tornamos filhos de Deus. Fomos assinalados com o sinal da cruz. Recebemos um sinal, uma marca, um selo, que nos dá o caráter divino e que nos faz responsáveis pela nossa vida e pela vida dos nossos irmãos. O Batismo nos faz pertencer ao Corpo de Cristo. A Igreja é o Corpo de Cristo. Jesus é a Cabeça desse Corpo. Somos todos irmãos. Temos a mesma fé e o mesmo Batismo.

Como membros do mesmo corpo nós nos alegramos com o irmão que está alegre; choramos com o que chora; temos fome, sede e dor com os famintos, sedentos e enfermos. Crescemos na fé juntos e o pecado de um faz todos os irmãos sofrerem. Quando um irmão se converte, há uma grande festa no Reino de Deus (cf. Mt 18,13).

Na Igreja, Corpo de Cristo, cada um tem uma missão. A missão que cada pessoa recebeu no Batismo somente ela poderá realizar.

Seguindo o exemplo

1. Dos primeiros cristãos

No livro dos Atos dos Apóstolos lemos que os primeiros cristãos viviam no meio do povo de seu tempo, porém não viviam como as pessoas de seu tempo. As comunidades cristãs tinham um segredo: elas viviam a fé recebida no Batismo, viviam partilhando tudo o

34

que possuíam, respeitavam-se e se amavam como filhos de Deus. Os que os conheciam diziam entre si: "Vede como eles se amam". Eles testemunhavam a Vida de Deus com gestos concretos (cf. At 2,42-47).

♦ Complete a cruzadinha com os gestos concretos dos primeiros cristãos:

partilha dos bens – coragem – Palavra de Deus – perseverança – união – oração comum – simplicidade – alegria – Eucaristia – testemunho

2. Dos santos e santas

SANTA TERESINHA DO MENINO JESUS

> Procure em revistas ou jornais e cole aqui uma foto de Santa Teresinha

Como batizados recebemos uma missão. Essa missão é pessoal. No Batismo recebemos o Espírito Santo que nos santifica e nos conduz, hoje, na Igreja, que nos ajuda, nos dá força e coragem para realizarmos a nossa missão.

Santa Teresinha do Menino Jesus, uma jovem que quis consagrar-se a uma vida de oração no Carmelo quando tinha 15 anos, **descobriu que sua missão na Igreja era ser o AMOR.** Morreu com 24 anos.

Ela dizia que "o mundo das almas é o jardim de Jesus: uns são lírios ou rosas, outros são as violetas ou margaridas; o que importa é fazer sempre a Vontade de Deus e ser o que Ele quer que sejamos". Teresinha constantemente oferecia suas orações, seus sofrimentos, suas dores e todas as suas atividades para a Igreja e pelos missionários que anunciavam Jesus aos que não o conheciam. Santa Teresinha foi proclamada Padroeira das Missões.

• Procure descobrir a sua missão como batizado na Igreja e no mundo de hoje.

> Como batizado(a), "filho(a) de Deus", no Corpo de Cristo, quero ser:

MADRE TERESA DE CALCUTÁ

> Procure em revistas ou jornais e cole aqui uma foto de Madre Teresa de Calcutá

Madre Teresa viveu entre os pobres mais pobres da Índia. Era conhecida como a "mãe dos pobres". Percorria as ruas e as estradas à procura dos que não tinham mais esperança de viver. Levava a esses sofredores o amor de Jesus. Ela dizia de si mesma: *"Sou albanesa de nascimento. Agora sou uma cidadã da Índia. Sou também freira católica. Em meu trabalho pertenço ao mundo inteiro. Mas em meu coração pertenço a Cristo".* Morreu vítima de problemas cardíacos, em setembro de 1977; foi beatificada, no dia 19 de outubro de 2003, pelo Papa João Paulo II. Vamos meditar o poema de Madre Teresa de Calcutá.

♦ Você vai meditar as perguntas em seu coração, procurando usar uma ou duas palavras, e respondendo uma de cada vez.

PERGUNTAS	*Minha resposta*	*Madre Teresa de Calcutá*
O dia mais belo?		
A coisa mais fácil?		
O maior obstáculo?		
A raiz de todos os males?		
A distração mais bela?		
O que mais te faz feliz?		
O pior defeito?		
A pessoa mais perigosa?		
O presente mais belo?		
A mais bela de todas as coisas?		

(Texto da Madre Teresa de Calcutá tirado do livro: *Novena à bem-aventurada Madre Teresa de Calcutá*. Meditando o poema de Madre Teresa de Calcutá. Aparecida: Santuário, 2004).

Nosso gesto concreto

★ Nesta semana, que gesto concreto, real, prático e verdadeiro eu posso fazer, como filho(a) de Deus e como membro do Corpo de Cristo:

_____

_____

_____

9ª Catequese — EU ACEITO O MEU BATISMO

Hoje é dia ___/___/___
Estamos na _____ semana do tempo _____

"Já não cremos apenas por causa de tua conversa. Nós mesmos ouvimos e reconhecemos que este é realmente o Salvador do mundo" (Jo 4,42).

Vamos ler para celebrar o mistério cristão

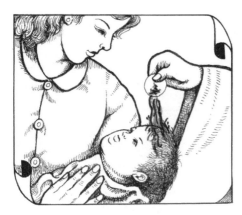

No Catecismo da Igreja Católica lemos: "O Batismo é o sacramento da fé. Mas a fé tem necessidade da comunidade dos crentes. Cada um dos fiéis só pode crer dentro da fé da Igreja" (1253). No dia do nosso Batismo o ministro da celebração perguntou aos nossos pais e padrinhos: "Que pedis à Igreja". Eles responderam: "A fé".

Chegou o momento de assumir a fé recebida no Batismo. Antes de receber Jesus na Eucaristia, pela primeira vez, é preciso fazer a Renovação das Promessas do Batismo, é preciso professar a fé. A Igreja fez um resumo da nossa fé: é o "Símbolo Apostólico".

Professar a fé não é somente falar a palavra "eu creio". Professar a fé é viver como Jesus viveu. Professar a fé é estar com Ele, compreender sua morte e ressurreição como manifestação de amor por nós, é assumir em nossa vida seu exemplo de doação pelo próximo.

O Batismo que recebemos nos transforma em "uma criatura nova" (2Cor 5,17); torna-nos "filhos adotivos de Deus" (Gl 4,5-7), "participantes da natureza divina" (2Pd 1,4) e templos do Espírito Santo (1Cor 6,19). O Batismo nos congrega como "membros do Corpo de Cristo" (Rm 8,17), que é a Igreja (1Cor 6,19), como pedras vivas (1Pd 2,5), como os "ramos de uma videira" (Jo 15,5); assim somos "membros uns dos outros" (Ef 4,25).

Pelo Batismo somos "revestidos de Cristo" (Gl 3,27) para "ser sepultados com Cristo" (Rm 6,3-4) para depois "ressuscitarmos" com Cristo" (Cl 2,12-13) e "obtermos o perdão dos pecados" (At 2,38). Somos a "raça eleita" (1Pd 9–10) "selados pelo Espírito" (Ef 1,13-14).

Conhecendo nossa comunidade paroquial

Pelo Batismo adquirimos o direito de participar de todas as atividades de nossa comunidade, da liturgia, das pastorais, das associações e dos movimentos de nossa comunidade paroquial. Participando da liturgia, somos alimentados com a Palavra de Deus e recebemos os sacramentos.

As pastorais, as associações e os movimentos nos ajudam a exercer a nossa missão de **SACERDOTES, REIS E PROFETAS** em nossa comunidade. Podemos **orar juntos** com os irmãos por todos os que precisam de nossas orações. Procuramos **viver o que ouvimos e o que vimos, celebrando** a Palavra de Deus. **Anunciamos o Evangelho** de Jesus com nossas palavras e exemplos.

Vamos responder

1) Você conhece as pastorais, as associações e os movimentos de sua comunidade paroquial? _____

   Quais? _____
   _____

2) Na sua família há alguém que participa de:

   Pastoral? _____ Qual? _____

   Associação? _____ Qual? _____

   Movimento? _____ Qual? _____

3) Ligue os círculos à comunidade paroquial e coloque neles o nome de algumas pastorais, associações e movimentos que atuam em sua comunidade. Se houver necessidade, faça mais círculos.

   Pinte com vermelho aquela da qual você mais gostaria de participar.

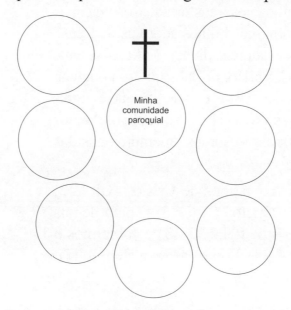

Vamos 📖 pesquisar

☆ **Procurar na Bíblia Cl 3,8.**

• Desenhe, fora da roupa (modelo da veste branca do Batismo), manchas de sujeira, e escreva nelas as atitudes do homem velho conforme escreve São Paulo.

ira

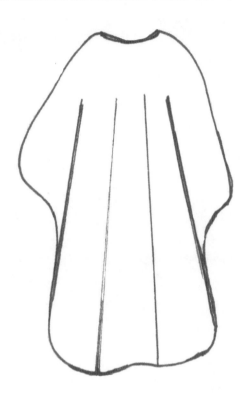

☆ **Procurar na Bíblia Cl 3,12-15.**

• *São Paulo escreve que, se morremos para o pecado com Jesus, nós podemos ressuscitar para uma vida nova com Jesus. Pinte esta veste tão branca e brilhante como a de Jesus na sua transfiguração e escreva nela as atitudes do homem novo, conforme foram enunciadas por São Paulo aos colossenses, que você acabou de ler.*

Eu aceito o meu Batismo

• Completar:

Eu _____ fui batizado(a) no dia ____ de _____ de _____ na Igreja _____ _____; meus padrinhos são: _____
_____

• Escreva, na folha emoldurada, o seu compromisso pessoal com Jesus, aceitando o seu Batismo e pedindo que o Espírito Santo sempre esteja com você ajudando-o a viver a fé. No momento da renovação solene do seu Batismo você colocará esta folha sobre o altar da Eucaristia.

10ª Catequese — VIVER A FÉ – OS SACRAMENTOS NA VIDA DO CRISTÃO
CONFIRMAÇÃO – MATRIMÔNIO – ORDEM

Hoje é dia ____/____/____
Estamos na _____ semana do tempo _____

"O Espírito do Senhor está sobre mim, porque Ele me consagrou pela unção" (Lc 4,18a).

Vamos ler para celebrar o mistério cristão

O Evangelho de Lucas diz que "Jesus crescia em idade, sabedoria e graça diante de Deus e dos homens" (2,52). Toda criança vivencia este crescimento em idade, sabedoria e graça. A Igreja acompanha esse crescimento e convida o jovenzinho a receber o Sacramento da Crisma, que é o sacramento da maturidade cristã.

O **Sacramento da Confirmação** imprime o selo espiritual: a marca do Espírito Santo. O crismando é chamado a ser "o bom odor de Cristo" (2Cor 2,15). É convidado a ser testemunha de Cristo no mundo de hoje.

Durante sua vida aqui na terra Jesus realizou milagres. Ele curou cegos, surdos, mudos, paralíticos e ressuscitou mortos. Jesus alimentou multidões, consolou os aflitos e perdoou os pecadores. Chamou os apóstolos e os discípulos para que o seguissem. Fundou a Igreja e lhe deu uma missão: *"Ide e ensinai, ensinai todas as nações, batizando-as em nome do Pai e do Filho e do Espírito Santo"* (Mt 28,19). Para realizar esta missão no mundo de hoje Jesus continua chamando pessoas para se dedicarem inteiramente a esse serviço de serem apóstolos. São os sacerdotes, os padres ou presbíteros, que recebem o **Sacramento da Ordem**.

Outras pessoas são chamadas para viverem o **Sacramento do Matrimônio** formando famílias, onde o pai e a mãe, junto com seus filhos, vivem o amor de Deus, crescem em comunhão e partilham com os irmãos os dons que Deus lhes deu. Com seu trabalho participam da vida da sociedade promovendo o bem comum. A família é a Igreja doméstica que vive o amor de Deus na comunhão, na oração, na partilha do pão e no serviço aos irmãos mais necessitados.

41

Vamos 📖 pesquisar

☆ Procurar na Bíblia e ler com atenção Is 61,1-2 e depois Lc 4,16-21

 Vamos responder

1) Essas duas leituras são:

      ( ) semelhantes   ( ) diferentes

2) Complete o que Jesus disse a respeito desse trecho de Isaías:

_____ se cumpriu esta passagem da Escritura que acabais de ouvir.

3) Jesus estava falando da sua missão, que é também a nossa missão como batizados, como cristãos.

- **Complete o quadro:**

Como cristãos nossa missão é:	Dificuldades para cumprir a missão

Vamos pensar e responder

- O padre é um cristão que recebeu uma missão especial junto do Povo de Deus. Qual é a missão do padre na comunidade que você frequenta?

_____
_____
_____

Vivenciando a liturgia

• Complete a frase, escrevendo o gesto concreto nas "casinhas"

A família, como Igreja doméstica, celebra o amor a Deus e ao próximo:

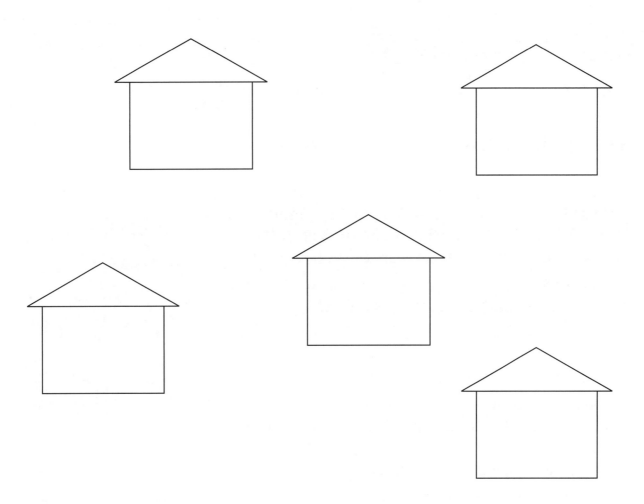

Iluminando a nossa vida

Quando recebemos o Batismo nos tornamos filhos de Deus. Jesus cumpriu a sua missão. Toda pessoa cristã tem uma missão.

• Qual é a sua missão, hoje, onde você vive?

_____
_____
_____
_____

11ª Catequese

PELO PECADO ME AFASTO DE DEUS

Hoje é dia ___/___/___
Estamos na _____ semana do tempo _____

"Deus é fiel: não permitirá que sejais tentados acima das vossas forças; mas, com a tentação, ele dará os meios de sair dela e a força para a suportar" (1Cor 10,13).

Vamos ler para viver o mistério cristão

Jesus foi batizado por João, e foi para o deserto, onde foi tentado. Jesus venceu a tentação. Jesus nos ensina que Deus é fiel. Deus enviou seu Filho único para que os "homens tenham a vida e a vida em abundância" (Jo 10,10).

Por que existe, então, o pecado no mundo? Por que Adão e Eva pecaram? Por que nós pecamos?

Ao criar o ser humano Deus deu-lhe a LIBERDADE. A pessoa escolhe como vai agir. Cada um pode escolher viver com Deus ou viver longe de Deus.

Quando recebemos o Batismo todos os nossos pecados foram perdoados. Durante nossa vida cometemos muitos pecados porque estamos "cegos" pelo orgulho, avareza, inveja, ira, impureza, gula, preguiça.

Participando das celebrações, ouvindo a Palavra de Deus, podemos conhecer os nossos pecados e a possibilidade do perdão.

"Deus amou tanto o mundo que entregou o Filho unigênito para que todo aquele que crer nele não pereça, mas tenha a vida eterna" (Jo 3,16).

Vamos ler a Palavra de Deus

✳ Procure, agora, o livro do Profeta Isaías, leia o capítulo 1, versículos 15 a 18, com muita atenção.

✳ Para descrever como Deus vê o nosso pecado o Profeta Isaías usa a figura do sangue. Ninguém gosta de ver sangue. Escreva o que Deus faz, segundo Isaías, ao ver as nossas mãos como que sujas de sangue, depois que pecamos.

_____

_____

❋ O que Ele manda fazer?

_____

_____

❋ Se for feito o que Deus mandou, o que acontecerá com o pecado que foi cometido?

_____

_____

Vamos refletir em nosso coração

Este trecho de Isaías mostra como Deus vê as mãos do pecador. Quando curou o cego de nascença, Jesus fez barro para colocar nos olhos do cego. O barro pode representar o pecado que cometemos, o mal que fazemos, e a saliva, a Palavra de Deus que a Igreja anuncia. Palavra que pode salvar, se acolhida no coração. Durante esse tempo de preparação, enquanto você espera pelo momento de receber Jesus eucarístico pela primeira vez, você tem celebrado a Palavra de Deus, você tem participado da Missa. Agora você está começando a ver os seus pecados. Você, como o cego de nascença, pediu: *"Senhor, tem piedade de mim que sou pecador"*.

▲ Escreva, dentro das manchas, o nome dos sete vícios capitais, e, fora, alguns pecados que podemos cometer se "cairmos em tentação" de estragar o projeto amoroso de Deus. Siga o exemplo:

Jogar fora a comida que poderia estar na mesa do pobre

Iluminando a vida

O povo hebreu rompeu a aliança com Deus, disse não ao projeto de Deus. Ele escolheu para si um deus de metal: o bezerro de ouro, fabricado por mãos humanas, que tinha olhos, mas não via; tinha ouvidos, mas não ouvia; tinha boca, mas não falava e nem comia; tinha narinas, mas não cheirava, e tinha um corpo que não sentia e nem podia andar sozinho.

Moisés quebrou as Tábuas da Lei, que Deus lhe dera, para mostrar ao povo que eles tinham quebrado a Aliança que Deus realizara com eles. Moisés faz o povo assumir o seu pecado, dando-lhe, para beber, água misturada com o pó do bezerro de ouro queimado e triturado. Muitos em Israel morreram por causa deste pecado.

Deus disse ao seu povo: *"Se ouvires atento a voz de Iahweh teu Deus, e fizeres o que é reto diante dos seus olhos, se deres ouvido aos seus mandamentos e guardares todas as suas leis, nenhuma enfermidade virá sobre ti, das que enviei sobre os egípcios. Pois eu sou o Senhor que te ama"* (Ex 15,26).

Nosso gesto concreto

✴ Os ídolos não podem ver, ouvir, falar, sentir, gostar. Complete, escrevendo como usar os sentidos do nosso corpo, cumprindo a Aliança de Deus conosco, e que fizemos no dia de nosso Batismo, realizando, assim, o projeto amoroso de Deus para nós:

Deus permite a tentação. Deus nos dá "meios" para vencer as tentações. Através das tentações podemos conhecer melhor a nossa fraqueza, e assim seremos mais humildes e colocaremos em Deus a nossa confiança.

Vamos 📖 pesquisar e responder

• Procure na Bíblia o livro do Profeta Joel, leia o capítulo 2, versículos 12 a 14.

1) O que Deus pede?

_____

_____

2) Como Deus pede que o homem volte novamente a Ele?

_____

_____

_____

3) Como Deus age com o homem arrependido?

_____

_____

Nosso gesto na liturgia

Vamos procurar na Bíblia o Sl 5,8 e o Sl 95(94),6, e responder.

1) De que gesto os salmos falam?

_____

2) O que indicam esses gestos?

_____

_____

_____

3) Quando fazemos esses gestos?

_____

_____

_____

12ª Catequese
JESUS VEIO CUMPRIR E APERFEIÇOAR A ALIANÇA

Hoje é dia ___/___/___
Estamos na _____ semana do tempo _____

"Amarás ao Senhor teu Deus de todo o teu coração, de toda a tua alma e de todo o teu entendimento. Esse é o maior e o primeiro mandamento" (Mt 22,36).

Vamos ler para viver o mistério cristão

No Monte Sinai, Deus fez uma Aliança com o povo hebreu. Moisés recebeu as "Tábuas da Lei" e ensinou aos hebreus como deviam servir a Deus, obedecendo aos mandamentos. A Antiga Aliança preparava a realização definitiva da PROMESSA.

Jesus, Filho de Deus, nascido da Virgem Maria, é a plena realização da Antiga Aliança. Jesus Cristo, obedecendo ao Pai, morreu e ressuscitou para a salvação de todos os seres humanos. Jesus cumpriu todos os mandamentos. Deus realizou com Jesus a Nova e Eterna Aliança que foi anunciada no Antigo Testamento. Jesus é o PRIMEIRO e o ÚLTIMO; é o ALFA e o ÔMEGA (a 1ª e a última letra do alfabeto grego = "a" e "z"); o PRINCÍPIO e o FIM de todas as coisas.

Jesus nos ensina como cumprir os MANDAMENTOS:

1) O primeiro mandamento: **"Amar a Deus sobre todas as coisas"**, afirma para nós que **Deus é o único Senhor.** Deus deve estar sempre em primeiro lugar em nossas vidas e que **só a Deus devemos prestar culto.** As superstições, horóscopos, leitura de cartas, do tarô, búzios, etc., são atitudes que nos colocam contra o primeiro mandamento. Amar a Deus sobre todas as coisas é um dom que o próprio Deus nos dá pela fé que recebemos no Batismo. A **fé** nos conduz à **esperança,** que nos encoraja a ouvir e praticar a Palavra de Deus na **caridade.**

2) O segundo mandamento: **"Não tomar seu Santo Nome em vão"**, ensina-nos que o Nome de Deus é Santo e que o nosso nome é santo porque é o nome de um cristão.

3) O terceiro mandamento: **"Guardar domingos e festas"**, lembra-nos que o Domingo é o Dia do Senhor. É o dia da Ressurreição de Jesus, e somos convidados a participar da Eucaristia dominical para ouvir o que Deus quer falar e iluminar a nossa vida com a luz da sua Palavra.

Vamos descobrir o que a Bíblia nos ensina

Dt 6,4-6

☆ Devemos amar a Deus de que forma?

_____

☆ Desenhe o lugar onde deve estar a "Palavra" que Deus ordenou. Escreva ao lado o que faz quem ouve e pratica a Palavra de Deus.

Sl 115(113b),3-8

☆ Como são os ídolos que os homens fazem?

_____

_____

☆ Como é o nosso Deus?

_____

_____

_____

Vivenciando a liturgia

Na última ceia Jesus, referindo-se à Antiga Aliança realizada com Moisés no Monte Sinai, apresenta-se agora como o novo mediador entre Deus e os homens.

A Nova Aliança é realizada com o seu Sangue. Na Eucaristia, no momento da consagração, o Sacrifício de Jesus se torna presente.

1) O que respondemos quando o celebrante diz: **"EIS O MISTÉRIO DA FÉ"**. Procure as respostas na 4ª catequese, escolha uma e copie:

_____
_____
_____
_____

"Este é o cálice do meu sangue. O sangue da nova e eterna aliança que é derramado por vós e por todos, para o perdão dos pecados. Fazei isto para celebrar a minha memória."

Nas nossas celebrações litúrgicas, algumas vezes o incenso é usado como sinal de adoração e de louvor a Deus. A fumaça do incenso, que se queima no carvão, sobe para o céu, em forma de nuvem, como as nossas orações. O perfume se espalha penetrando todos os cantos da Igreja, lembrando que é assim que devemos espalhar o bem a nossa volta. Ouvimos o ruído do vaievém do turíbulo, no mesmo ritmo de nosso coração que deve bater sempre mais pleno de amor a Deus e ao próximo.

2) Desenhe, nos quadros, os sentidos do corpo humano que são usados quando se usa o incenso nas celebrações litúrgicas.

Nosso gesto concreto

1) Com Maria, vamos aprender a louvar, bendizer e agradecer a Deus e a usar adequadamente os bens que Ele nos tem dado. Maria, neste canto, ensina-nos a cumprir os mandamentos de Deus. Passe um traço embaixo da frase que mais chamou a sua atenção e que indica, para você, um gesto concreto:

"Minha alma engrandece o Senhor e rejubila meu espírito em Deus, meu Salvador, porque olhou para a humildade de sua serva. Eis que de agora em diante me chamarão feliz todas as gerações, porque o Poderoso

fez por mim grandes coisas: o seu nome é santo. Sua misericórdia passa de geração em geração para os que o temem. Mostrou o poder de seu braço e dispersou os que se orgulham de seus planos. Derrubou os poderosos de seus tronos e exaltou os humildes. Encheu de bens os famintos e os ricos despediu de mãos vazias. Acolheu Israel, seu servo, lembrando-se de sua misericórdia, conforme o que prometera a nossos pais, em favor de Abraão e de sua descendência, para sempre" (Lc 1,46-54).

2) Usando as letras do quadro ao lado, descubra quais gestos concretos você pode fazer para *Amar a Deus sobre todas as coisas e a seu próximo*.

Você pode repetir as letras se precisar.

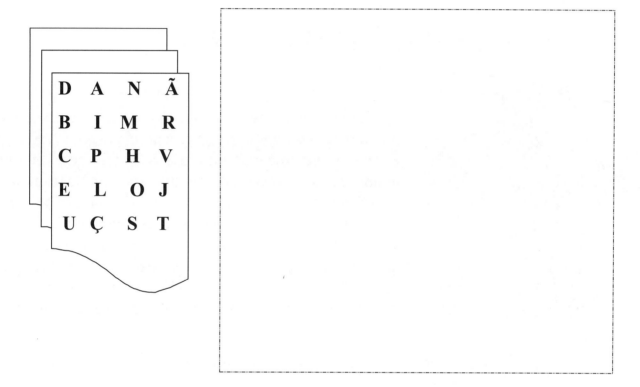

13ª Catequese

JESUS DEU UM NOVO MANDAMENTO

Hoje é dia ____/____/____
Estamos na _____ semana do tempo _____

"A caridade não pratica o mal contra o próximo. Portanto a caridade é a plenitude da lei" (Rm 13,10).

Vamos ler para viver o mistério cristão

"Amai-vos uns aos outros como eu vos amei".

Como cumprir este mandamento de Jesus é um grande problema para todos nós, que procuramos seguir Jesus, isto é, para os que procuram ser cristãos. Muitas vezes confundimos "amar ao próximo" com dar esmolas. Dar esmolas é uma forma fácil de nos livrarmos do próximo que nos incomoda. Deixamos "nossa consciência tranquila", ficamos acomodados em nosso "mundinho" confortável, e o resto que "se dane"; para nos justificar, dizemos: "o pobre, o necessitado, o andarilho, o sem-teto vivem desta forma porque querem, porque não trabalham, são "vagabundos".

Com coragem e sem rodeios vamos procurar descobrir a resposta a estas questões. Primeiramente nos perguntando:

O que é realmente "amar, como Jesus amou"?

• Na sequência algumas perguntas servem de "pistas"; ao respondê-las vamos procurar nos lembrar de fatos concretos da vida de Jesus.

1) Como Jesus vivia?
_____
_____
_____

2) Como Jesus acolhia os doentes?
_____
_____

52

3) Como Jesus acolhia os pecadores?

_____

_____

4) Como Jesus acolhia os que tinham fome?

_____

_____

5) O que Jesus fez por amor a todos os homens?

_____

Vamos ler as citações e responder

| Jo 13,12-16 | Lc 6,36-38 | Mt 5,38-48 |
| Mt 18,21-22 | Tg 2,1-9 | Fl 2,6-8 |

1) Quem é o meu próximo?

_____

2) Como as pessoas devem ser tratadas?
- As que me são simpáticas e as antipáticas.
- As que me fizeram mal.
- As que me fazem o bem.
- As que são ricas.
- As que são pobres.
- As autoridades.
- As que dependem de mim.
- As mais fracas e as mais fortes.

_____

_____

_____

_____

3) Amar é também se colocar a serviço. Como podemos nos colocar a serviço? O que precisa ser feito?

• Em casa com os familiares

_____

• Na escola

_____

• No bairro

_____

• Na comunidade paroquial

_____

Nosso gesto concreto

✶ Se quisermos seguir Jesus, não podemos mais ficar acomodados. É preciso ter coragem. Como podemos começar a agir?

_____
_____

Para ♡ memorizar

• *Escreva os mandamentos correspondentes, completando os quadros:*

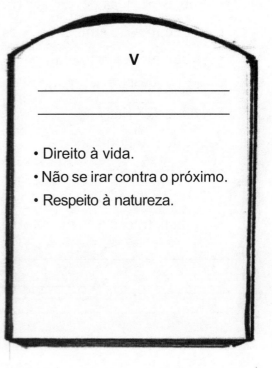

IV

_____
_____
_____

• Obediência e respeito dos filhos aos pais.
• Cuidados dos pais para com os filhos.
• Obediência aos governantes e superiores.

V

_____
_____

• Direito à vida.
• Não se irar contra o próximo.
• Respeito à natureza.

VII

- Respeito aos bens dos outros.
- Respeito aos bens comuns.
- Amor aos pobres.

VIII

- Viver na verdade.
- Evitar julgamentos e fofocas.
- Evitar a mentira.

IX

- As más intenções do coração.
- Purificar os desejos do coração.
- Pureza no olhar.
- Exigir a atenção exclusiva dos outros.

X

- A inveja e a cobiça.
- O desejo imoderado dos bens.
- O verdadeiro desejo de ver a Deus.

14ª Catequese

PARA AMAR, PRECISO ME AMAR

Hoje é dia ____/____/____
Estamos na _____ semana do tempo _____

"Bem-aventurados os puros de coração porque verão a Deus" (Mt 5,8).

Vamos ler para viver o mistério cristão

Jesus nos ensinou a rezar dizendo: ***"Pai nosso, que estais nos céus"***. Deus nos criou para vivermos juntos, para vivermos em comunidade: numa família, numa cidade, no país e no mundo.

O nosso relacionamento com as pessoas se modifica conforme o grau de intimidade que temos com elas.

O sexto mandamento nos ensina como estar com as pessoas na **verdade** e na **caridade.** Jesus dá a medida: ***"sede misericordiosos, como o vosso Pai é misericordioso, não julgueis para não serdes julgados, perdoai e vos será perdoado"*** (Lc 6,36s).

Jesus contou uma parábola, dizendo que a árvore se conhece pelos frutos, e que um cego não pode conduzir outro cego e que é preciso tirar o que tampa o nosso olho para que enxerguemos os outros.

A castidade é uma virtude. Onde há a castidade o amor cresce mais forte. Castidade é o respeito que devemos ter para com o nosso corpo e nossa alma. Castidade é o respeito que devemos ter para com o nosso próximo. Castidade é viver plenamente o AMOR.

Para viver concretamente o amor de entrega de si mesmo ao outro existem vários caminhos: Podemos, no casamento, constituir uma família. Os que querem dedicar a sua vida a Deus e a serviço dos irmãos na vida consagrada, na Igreja podem ser religiosos e religiosas em congregações que se dedicam à evangelização. Jesus chama, ainda hoje, homens que desejam segui-lo, continuando a sua missão na terra: são os sacerdotes. A pessoa pode viver como celibatário ou celibatária, isto é, sem se casar, dedicando a sua vida em atividades sociais e filantrópicas que promovam outros seres humanos.

Jesus disse: **"amar ao próximo como a si mesmo"**. Só podemos amar o próximo na medida em que vivemos o amor para conosco mesmos, aceitando quem somos, o que somos, procurando sempre realizar o projeto amoroso de Deus em nossa vida. Sabemos que amamos a Deus, se concretamente amamos o nosso próximo, e se, com a graça de Deus, amarmos o nosso inimigo (cf. Mt 5,43-45).

Vamos "perscrutar" na Bíblia

O salmista canta que *"Deus perscruta os nossos corações"*, isto é, que Ele sonda, que Ele olha profundamente o nosso coração. Procurando aprender com Deus, vamos tentar não apenas ler as Sagradas Escrituras, mas olhar mais profundamente. Vamos perscrutar para que ela se torne vida em nossa vida.

Procure o salmo 139(138)

☆ Leia o salmo em silêncio, deixe a Palavra de Deus penetrar o seu coração, fazer nele a sua morada. Depois, responda:

• O que você entende e sente quando lê que Deus sabe as coisas que você faz, pensa e sente, onde quer que você esteja e em todo tempo?
_____
_____
_____

• Por que Deus quer estar presente em todos os momentos de nossa vida?
_____
_____

"Deus ama o ser humano, o seu amor é um amor de eleição. O amor apaixonado de Deus pelo seu povo – pelo ser humano – é ao mesmo tempo um amor que perdoa. Deus ama tanto o ser humano que, tendo-se feito, ele próprio, homem, segue-o até a morte e, desse modo, reconcilia justiça e amor". Escreveu nosso Papa Bento XVI, em sua Carta: Deus é amor.

• Você acredita que Deus o ama? _____
• Como você sente este amor de Deus em sua vida?
_____
_____

Vamos 📖 pesquisar na Bíblia

Jo 13,34s

☆ De que maneira, segundo São João, podemos saber, com certeza, que amamos a Deus?

_____

_____

Jo 15,5s

☆ O que acontece com quem está com Jesus?

_____

_____

☆ Como fica aquele que se afasta de Jesus?

_____

_____

Vivenciando a liturgia

Depois de oferecer o pão e o vinho, o sacerdote faz, em voz baixa, essa oração, enquanto purifica as suas mãos, lavando-as:

"Lavai-me, Senhor, das minhas faltas e purificai-me do meu pecado".

• Escreva os dois sentidos que tem este momento: _____

_____

• Em que partes da Eucaristia o sacerdote pede perdão pelos pecados da assembleia e dele próprio?

_____

_____

_____

Iluminando a nossa vida

• Desenhe uma árvore bem bonita.

• Desenhe os bons frutos e escreva neles as virtudes que nos ajudam a cumprir os mandamentos de Deus.

• Faça as raízes da árvore e nelas escreva os cuidados que devemos ter com a natureza.

15ª Catequese — DEUS, QUE É MISERICÓRDIA E PERDÃO, CHAMA-ME À CONVERSÃO

Hoje é dia ____/____/____
Estamos na _____ semana do tempo _____

"Eu vos digo que também no céu haverá mais alegria por um pecador que se converte do que por noventa e nove justos que não necessitam de conversão" (Lc 15,7).

Vamos ler para celebrar o mistério cristão

Pelo Batismo nos tornamos filhos de Deus, temos direito à herança conquistada por Jesus, podemos viver na graça e na misericórdia de Deus. Por Jesus nossos pecados são perdoados.

Podemos viver "a esperança dos céus novos e da terra nova", como nos ensina o Catecismo da Igreja Católica (CaIC 1042). Somos convidados a viver o projeto amoroso de Deus: que é viver o amor, a partilha, o perdão, a comunhão. Muitas vezes nos esquecemos da proposta de Deus, buscamos outros caminhos e vivemos o egoísmo, a crítica maldosa, a falsidade, a violência, o ódio, a mentira, a fraude, a calúnia, a preguiça, a fofoca, a agressão, a gula, a maldade, a inveja, a cobiça, a ira, que nos afastam do amor a Deus e do amor ao nosso próximo.

Sabemos que Jesus venceu nossos inimigos e, sempre que nós nos voltarmos para Ele e permanecermos com Ele, temos a certeza da sua **MISERICÓRDIA**. Acreditando em Jesus e no seu amor que perdoa e acolhe sempre, por maior ou pior que seja o pecado, o cristão jamais se desesperará, não entrará em depressão. Jesus é o Bom Pastor. Ele nos conhece e sabe das dificuldades que temos para viver conforme a sua Palavra. Com Jesus podemos vencer o mal. Com Jesus podemos fazer o bem.

Jesus nos convida a celebrar a MISERICÓRDIA em nossas vidas. Jesus quer transformar o "nosso coração de pedra em coração de carne". Jesus quer que vivamos no AMOR.

Vamos refletir

• Pinte este retângulo todo de preto.

O retângulo que era **branco** *mudou* de cor, agora que você o pintou, ele ficou **preto**.

A água que você colocou no congelador era **líquida,** depois de um certo tempo ela *fica* **sólida** porque *transformou*-se em **gelo.**

Quando eu compro, na loja, um sapato, ele está **novo.** Depois que eu usei bastante e por muito tempo, ele *fica* **velho.** Os exemplos citados servem para nos mostrar um pouco o **que é CONVERSÃO.**

Conversão é mudar, é se transformar, é ficar de outra forma.

A conversão é um dom de Deus. É Deus que vem em auxílio do homem e suscita nele o desejo de converter-se. Jesus disse que o Bom Pastor vai procurar a ovelha perdida. Encontrando-a, cuida dela e leva-a de volta para o rebanho, e faz festa.

Vamos ler o que a Sagrada Escritura nos ensina

• Procure **Mc 1,15**

1) Qual é o convite que Jesus faz?
___
___
___

2) Quem precisa de conversão?
___
___

3) O convite que Jesus faz: *"Convertei-vos e crede no Evangelho",* é para você?

( ) não   ( ) sim

4) Por que você precisa de conversão?
___
___
___

Descobrindo gestos concretos

★ Procure na Bíblia **Ef 4,25-32**.

Leia com atenção e escreva, no caminho, as mudanças (conversão) que Jesus nos convida a fazer para segui-lo. Fora do caminho, escreva o que deve ser transformado.

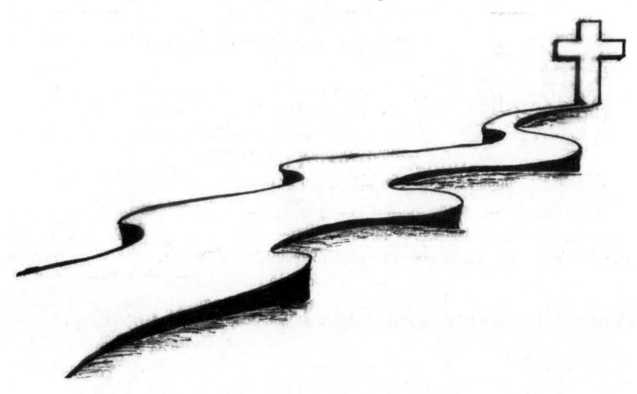

Vamos refletir sobre a Parábola do Filho Pródigo

• São Lucas conta, no capítulo 15,11-32, a Parábola do Filho Pródigo. Vamos procurar o texto no Evangelho, ler e escrever as atitudes do filho pródigo quando se converteu.

Arrependimento dos pecados
_____
_____
_____

Exame de consciência
_____
_____
_____
_____

Confissão dos pecados

_____

_____

Propósito de não pecar

_____

_____

Vivenciando a Liturgia

Ler com atenção e memorizar

Essa é uma oração que a Igreja está lhe ensinando, hoje. É uma oração em que reconhecemos, diante da comunidade e com a comunidade, que somos pecadores. Essa oração é rezada, às vezes, no Ato Penitencial, no início da Missa. É rezada nas Celebrações Penitenciais. Procure memorizar.

> *Confesso a Deus todo-poderoso e a vós, irmãos e irmãs, que pequei muitas vezes por pensamentos, palavras, atos e omissões, por minha culpa, minha tão grande culpa. E peço à Virgem Maria, aos anjos e santos e a vós, irmãos e irmãs, que rogueis por mim a Deus nosso Senhor.*

16ª Catequese — NA IGREJA EU ME RECONCILIO COM DEUS, COM O PRÓXIMO, COMIGO MESMO E COM A NATUREZA

Hoje é dia ____/____/____
Estamos na _____ semana do tempo _____

"Rito da Celebração penitencial. Filho, os teus pecados estão perdoados" (Mc 2,5).

Vamos ler para celebrar o mistério cristão

"Na tarde do mesmo dia, que era o primeiro da semana, estando trancadas as portas do lugar onde estavam os discípulos, por medo dos judeus, Jesus chegou, pôs-se no meio deles e disse: 'A paz esteja convosco'. Dito isto, mostrou-lhes as mãos e o lado. Os discípulos se alegraram ao ver o Senhor. Jesus disse-lhes de novo: 'A paz esteja convosco. Como o Pai me enviou, assim também eu vos envio'. Após essas palavras, soprou sobre eles e disse: **'Recebei o Espírito Santo. A quem perdoardes os pecados serão perdoados. A quem não perdoardes os pecados não serão perdoados'"** (Jo 20,19-23).

O acontecimento que lemos ocorreu depois da ressurreição de Jesus. Jesus dá aos seus discípulos uma missão e o poder de perdoar os pecados. Muitas vezes, Jesus, ao curar os doentes, no corpo, curava-lhes também o espírito, perdoando-lhes os pecados (cf. Mc 2,5).

Celebramos a bondade e a misericórdia de Deus que está sempre a nos esperar, como o Pai esperou pelo filho pródigo. Jesus nos promete uma "fonte de água viva". Jesus nos quer "dar vida e vida em abundância".

Como Adão e Eva, não aceitamos as orientações que Deus nos dá. Como os hebreus no deserto, fazemos um "bezerro de ouro" e adoramos esse ídolo de barro, feito segundo a nossa cabeça.

Deus enviou seu Filho Único, para nos resgatar do pecado. Jesus, antes de voltar ao Pai, dá aos apóstolos o poder de "perdoar os pecados". Na Igreja podemos obter o perdão e a reconciliação com Deus, com o próximo, conosco mesmos e com toda a criação.

O Sacramento da Reconciliação

O Sacramento da Penitência foi instituído por Jesus. Pode ser celebrado em COMUNIDADE, num dia especial. Os fiéis se reúnem, e, juntos, após ouvirem e meditarem a Palavra de Deus, com o Presbítero celebrante, fazem **o exame de consciência**, pedem **perdão** a **Deus** e **confessam os seus pecados** individualmente com os padres constituídos para esse ministério, e recebem **a absolvição** e **uma penitência**, que poderá ser individual ou comunitária.

Quando o cristão sentir necessidade poderá procurar um padre e receber o Sacramento da Penitência INDIVIDUALMENTE.

Passos para receber o sacramento da penitência

1) Reconhecer os próprios pecados, através de um **exame de consciência**, à luz da Palavra de Deus. Para fazer o exame de consciência devemos nos lembrar dos Mandamentos da Lei de Deus e dos vícios capitais.

• Para tornar mais fácil o "exame de consciência" podemos visualizar a cruz de Jesus, colocando o 1º mandamento nessa cruz, conforme a figura:

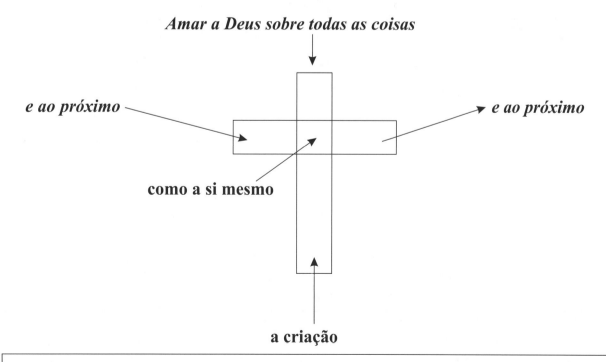

A seguir, procuremos nos lembrar de nossas faltas por **pensamentos, palavras, atos** e **omissões** contra *Deus, contra o próximo, contra nós mesmos e contra a criação*.

65

2) Pedir perdão a Deus e a nossos irmãos (arrependimento)

Vamos ler o que São Paulo escreve em **Cl 3,12-14**

São Paulo pede que façamos três coisas para obter o perdão de Deus:

• Ter sentimentos de _____

_____

• Suportar uns aos outros, e _____

_____

E São Paulo continua: *"Mas acima de tudo, revesti-vos do amor"*.

3) **Confissão dos pecados:** Aproximando-me do sacerdote, faço o sinal da cruz dizendo: **"padre, dai-me a vossa bênção, porque pequei"**. Depois, de maneira clara e breve, eu declaro os meus pecados ao sacerdote, dizendo "o nome dos **meus** pecados", colocando-me diante de Deus sem me desculpar ou acusar outros pelas minhas faltas. "EU PEQUEI..." Não é para contar a história do pecado, mas dizer "o nome" dele, sem dizer o que os outros fizeram.

4. O sacerdote nos fará uma breve exortação e nos dará a **absolvição**. Com o coração contrito e arrependido, confiante na misericórdia de Deus, recebo, nesse momento, o perdão de Deus, rezando o ato penitencial.

5. O nosso pecado nos afasta de Deus e prejudica o nosso próximo, a nós mesmos e a criação. É preciso **reparar o mal que fizemos** quando nos afastamos de Deus. Após a confissão dos pecados, o sacerdote nos dá uma **penitência**. Perdoados por Deus, somos convidados a "vigiar e orar" e a "ir e não mais pecar".

Vamos ler e refletir: 1ª Carta de São João 1,5-10–2,1-12

1 ⁵A mensagem que dele ouvimos e vos anunciamos é esta: Deus é luz, nele não há trevas. ⁶Se dizemos ter comunhão com Ele, mas andamos nas trevas, mentimos e não praticamos a verdade. ⁷Se, porém, andamos na luz, assim como Ele está na luz, estamos em comunhão uns com os outros e o sangue de Jesus, seu Filho, purifica-nos de todo pecado. ⁸Se dizemos que em nós não há pecado, enganamos a nós mesmos, e a verdade não está conosco. ⁹Se confessamos nossos pecados, fiel e justo é Deus para nos perdoar e nos purificar de toda iniquidade. ¹⁰Se dizemos que não pecamos, chamamos Deus de mentiroso e sua palavra não está conosco.

2 ¹Meus filhinhos, eu vos escrevo isto, para que não pequeis. E, se alguém pecar, temos um advogado junto ao Pai, Jesus Cristo, o Justo. ²Ele é a vítima de expiação por nossos pecados. E não só pelos nossos, mas também pelos pecados de todo o mundo.

[3]Sabemos que o conhecemos, se lhe guardarmos os mandamentos. [4]Quem diz que o conhece e não lhe guarda os mandamentos é mentiroso, e a verdade não está com ele. [5]Mas naquele que lhe guarda a palavra, o amor de Deus é verdadeiramente perfeito. É assim que sabemos estarmos nele. [6]Quem diz que permanece nele, deve também viver como Ele viveu. [7]Caríssimos, não vos escrevo um mandamento novo, mas antigo, que tendes desde o princípio. Este mandamento antigo é a palavra que acabais de ouvir. [8]Mas, por outro lado, eu vos escrevo um mandamento novo, que é verdadeiro nele e em vós: as trevas já estão passando e já está aparecendo a luz verdadeira. [9]Quem diz que está na luz e odeia o irmão, ainda está nas trevas. [10]Quem ama o irmão está na luz e não é pedra de tropeço. [11]Quem odeia o irmão está nas trevas; anda nas trevas, sem saber para onde vai, porque as trevas lhe cegaram os olhos. [12]Filhinhos, eu vos escrevo: Por seu nome vossos pecados foram perdoados.

¤ Complete o quadro conforme a Palavra de Deus que você leu.

• Para facilitar, antes grife, no texto que você leu, com lápis preto onde está escrito **trevas**, e com lápis azul faça um círculo onde está escrito **luz**.

Estar nas trevas é	Estar na luz é

Cole aqui a dobradura que você fez

17ª Catequese

UM POVO CELEBRA A PÁSCOA

Hoje é dia ____/____/____
Estamos na _____ semana do tempo _____

> "Nós te celebramos, ó Deus, nós te celebramos, invocando teu nome, contando as tuas maravilhas" (Sl 75[74],2).

Vamos ler para comungar o mistério cristão

"Do Senhor é a terra e tudo aquilo que contém, o mundo e seus habitantes" (Sl 24[23],1). Desde a sua criação o ser humano sente, em seu coração, a necessidade de cultuar o seu Criador. Os seres humanos ofereciam animais e frutos. Entre os povos antigos, o sacrifício de pessoas era comum. As pessoas construíam altares no lugar em que sentiam a necessidade de fazer um sacrifício de louvor e ação de graças a Deus pelos dons recebidos.

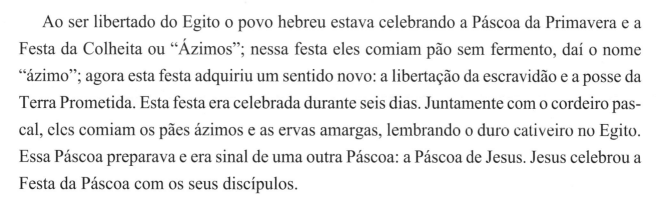

Os hebreus celebravam grandes festas. A Festa da Colheita, a Festa das Primícias, era realizada antes de iniciar a colheita do trigo; depois da colheita, era realizada a Festa das Semanas. Havia, ainda, Festa do Ano Novo, da Páscoa e da Primavera. Os hebreus festejam as mudanças da lua, e o sábado era celebrado como o dia do repouso do Senhor. Havia ainda outras festas da família.

Ao ser libertado do Egito o povo hebreu estava celebrando a Páscoa da Primavera e a Festa da Colheita ou "Ázimos"; nessa festa eles comiam pão sem fermento, daí o nome "ázimo"; agora esta festa adquiriu um sentido novo: a libertação da escravidão e a posse da Terra Prometida. Esta festa era celebrada durante seis dias. Juntamente com o cordeiro pascal, eles comiam os pães ázimos e as ervas amargas, lembrando o duro cativeiro no Egito. Essa Páscoa preparava e era sinal de uma outra Páscoa: a Páscoa de Jesus. Jesus celebrou a Festa da Páscoa com os seus discípulos.

Vamos procurar na Bíblia

☆ Leia com atenção a pergunta e responda:

Lv 23,5-6

• Qual o nome das festas que os hebreus celebravam? _____

Mt 26,17-19

• O Evangelista Mateus cita duas festas que Jesus e seus discípulos se preparavam para celebrar. Quais são elas?

_____

Lc 22,7-8

• Que festas Lucas cita neste trecho de seu Evangelho?

_____

☆ Vamos fazer uma cruzadinha?

Lembrando a libertação do povo hebreu do Egito, preencha os quadrinhos:

1) Significado da palavra hebraica "páscoa".

2) Moisés tirou da pedra, para o povo, no deserto.

3) Pães sem fermento, pães da miséria.

4) Nome da festa antes de recolher os frutos do trabalho no campo.

5) Animal sacrificado para a celebração da Festa da Páscoa.

6) Monte onde Deus fez a aliança com o seu povo.

Vivenciando a liturgia

1) Os povos antigos faziam sacrifícios a Deus e usavam pedras para construírem seus altares. Em nossas celebrações litúrgicas usamos um altar?

_____

2) Onde fica o altar que usamos?

_____

3) Em que lugar da igreja é colocado o altar?

_____

Liturgia é vida

A Igreja se reúne ao redor do altar do sacrifício e da mesa do Senhor para celebrar a Eucaristia. O altar é símbolo do próprio Jesus Cristo; é por isso que o sacerdote se inclina diante do altar e o beija antes de iniciar a Celebração Eucarística; portanto, quando passamos diante do altar devemos nos inclinar.

1) O que oferecemos no altar?

_____

_____

_____

2) O que é "primícia"? _____

3) O ser humano desde os tempos mais antigos oferecia a Deus as "primícias" de seu rebanho e de sua colheita. Como podemos oferecer a Deus, hoje, as primícias do que fazemos?

_____

_____

4) Deus nos dá muitos presentes, muitas graças e dons. Como cristãos, sentimos necessidade de ofertar a Deus alguma coisa do que é nosso para louvar e agradecer por tudo o que Ele nos faz.

Deus precisa de nossa oferta? _____

Por quê? _____

5) Compare a sua resposta com a citação do Salmo 24(23),1 que está no início desta atividade. E confira se está correta. _____

6) Os índios vivem este Salmo 24(23)? _____
   Como? _____
   _____
   _____

Nosso gesto concreto

★ Você já ouviu falar em "dízimo"? _____

★ O que é o "dízimo"?
_____
_____

★ Para que serve o dízimo?
_____
_____

Celebrando nosso Deus na Eucaristia

Na Eucaristia, depois do ofertório, nós rezamos um hino de louvor a Deus. É o prefácio. Essa "bendição" começa com um diálogo entre o presidente da celebração e a assembleia:

Pr. *O Senhor esteja convosco!*

T: *Ele está no meio de nós.*

Pr. *Corações ao alto!*

T: *O nosso coração está em Deus.*

Pr. *Demos graças ao Senhor, nosso Deus.*

T: *É nosso dever e salvação.*

Pr. *Na verdade, é justo e necessário, é nosso dever e salvação dar-vos graças, sempre e em todo lugar.*

Ao rezar essa bendição que termina com o canto do "santo", vamos bendizer a Deus, em união com todos os seres vivos da Terra.

72

18ª Catequese — JESUS CELEBRA A PÁSCOA

Hoje é dia ___/___/___
Estamos na _____ semana do tempo _____

"Quando chegou a hora, ele se pôs à mesa com seus apóstolos e disse-lhes: Desejei ardentemente comer esta Páscoa convosco antes de sofrer" (Lc 22,14s).

Vamos ler para comungar o mistério cristão

O ser humano de todas as épocas e de todos os povos busca Deus "às apalpadelas", conforme o anúncio de São Paulo aos atenienses (At 17,24-28).

Deus, falando a Moisés, determinou como o povo de Israel deveria celebrar a Páscoa.

Israel, até hoje, celebra a Festa da Páscoa. A festa da libertação do povo. Deus disse a Moisés: *"Este dia será para vós um memorial, e o celebrareis como uma festa para Iahweh, nas vossas gerações a festejareis; é um decreto perpétuo"* (Ex 12,14).

Jesus era judeu, e celebrou muitas vezes a Festa da Páscoa, como era costume em seu povo.

Jesus cumpriu a lei, celebrou a Páscoa e a aperfeiçoou, instituindo a Eucaristia. João Batista apresentou Jesus ao povo, dizendo: *"Eis o Cordeiro de Deus, eis aquele que tira o pecado do mundo"*. Jesus se tornou o Cordeiro Pascal. Jesus morreu como o cordeiro da ceia judaica. O seu Sangue substituiu o sangue do cordeiro que era passado nos umbrais da porta e que salvou os primogênitos dos hebreus no Egito. Agora é o sangue de Jesus que nos redime, que nos salva.

A Páscoa foi instituída como um memorial. Memorial é mais do que uma lembrança, memorial é tornar presente, hoje, o fato acontecido no passado, com a mesma eficácia e força. Assim é a celebração da Eucaristia. Toda vez que se celebra a Eucaristia a Páscoa de Jesus se torna realmente presente.

Vivenciando a liturgia

✧ *Leia Lc 22,7-20*

1) O que Jesus celebrava com seus discípulos?
_____

2) O que Jesus fez com o pão?
_____
_____

3) O que Jesus fez com o vinho?
_____
_____

4) Temos realizado o que Jesus pediu? _____
Quando? _____

Revendo a História da Igreja

SÃO JUSTINO
(† 165 dC)

Nasceu de família pagã, em Nablus, antiga Siquém. Sempre buscando a verdade, estudou muito. Só mais tarde um ancião, em Éfeso, despertou-lhe o interesse pelo Novo Testamento e pelo cristianismo. Neste reconheceu Justino ter achado "a única filosofia proveitosa". Batizado, não deixou a vocação de filósofo e professor, fundando uma escola em Roma.

Foi martirizado em Roma, e conserva-se um relatório do seu martírio.

A Eucaristia

Segundo São Justino, os que haviam sido batizados eram conduzidos à "assembleia dos irmãos". Eram realizadas fervorosas orações por eles e por todos os cristãos para que conservassem a fé, cumprissem os mandamentos e praticassem o bem. Quando terminavam a oração eles se davam o "abraço da paz". Então era feita a apresentação do pão e do vinho. O presidente da celebração proferia uma longa ação de graças e todos os presentes cantavam: Amém! Amém! Amém! (que quer dizer: "assim seja"). Os diáconos distribuíam aos presentes o pão e o vinho consagrados, que eles chamavam de Eucaristia. Depois da celebração os diáconos levavam a Eucaristia para os doentes.

São Justino conta que a comunidade cristã cuidava dos doentes, órfãos, viúvas, encarcerados, forasteiros, enfermos; enfim, dos necessitados, e não havia entre eles mendigos e pedintes. Depois da Eucaristia eles faziam uma coleta que era entregue ao presidente da celebração. Com alegria, eles repartiam o que tinham, bendizendo sempre a Deus que criou todas as coisas.

Os cristãos que moravam nos campos ou nas cidades reuniam-se, todos juntos, em um local escolhido. Essa reunião era realizada no dia chamado "Dia do Sol" – que para nós hoje é o domingo. Durante a reunião eram lidos os escritos e as cartas chamadas de "memórias dos apóstolos" e os livros dos profetas. Liam durante o tempo que lhes era possível. Após o final da leitura aquele que estava presidindo a reunião explicava o que tinha sido lido, ensinava a doutrina da fé cristã e convidava os presentes a praticar os ensinamentos que ouviram. Eles se reuniam no primeiro dia da semana, dia do sol, porque esse era o dia em que Jesus Cristo Salvador, vencendo as trevas da morte, ressuscitara glorioso dos mortos (cf. *Liturgia das horas*, II volume – Ofício das Leituras do 3º Domingo da Páscoa, segunda leitura).

Fazendo uma pesquisa

Peça que o seu pároco leia e comente com vocês a Segunda Leitura do Ofício das Leituras do 3º Domingo da Páscoa, do livro *Liturgia das horas*, II volume.

Faça no quadro um desenho sobre a Eucaristia.

19ª Catequese

JESUS É O PÃO DA VIDA

Hoje é dia ___/___/___
Estamos na _____ semana do tempo _____

"Quem come a minha carne e bebe o meu sangue tem a vida eterna, e eu o ressuscitarei no último dia" (Jo 6,54).

Vamos ler para comungar o mistério cristão

Lucas 22 – ⁷"Chegou, pois, o dia da Festa dos Pães sem Fermento, em que se devia matar o cordeiro pascal. ⁸Jesus enviou Pedro e João, dizendo-lhes: "Ide preparar-nos a Ceia da Páscoa". ⁹Eles perguntaram-lhe: "Onde queres que a preparemos?" ¹⁰Respondeu-lhes: "Entrando na cidade, virá ao vosso encontro um homem carregando um cântaro de água. Segui-o até a casa em que entrar, e ¹¹dizei ao dono da casa: 'O Mestre te manda perguntar: onde está a sala em que vou comer a Ceia da Páscoa com os meus discípulos?' ¹²Ele vos mostrará uma grande sala mobiliada, no andar de cima. Fazei ali os preparativos". ¹³Eles foram e acharam tudo como lhes dissera, e prepararam a Ceia da Páscoa.

Instituição da Ceia do Senhor. ¹⁴Ao chegar a hora, Jesus se pôs à mesa com os apóstolos ¹⁵e lhes falou: "Desejei ardentemente comer esta Ceia da Páscoa convosco, antes de sofrer. ¹⁶Pois eu vos digo: Nunca mais a comerei, até que ela se realize no reino de Deus". ¹⁷Tomando um cálice, deu graças e disse: "Tomai este cálice e distribuí entre vós. ¹⁸Pois eu vos digo: Não mais beberei deste vinho, até que chegue o reino de Deus". ¹⁹E tomando um pão, deu graças, partiu-o e deu-lhes dizendo: "Isto é o meu corpo, que é dado por vós. Fazei isto em memória de mim". ²⁰Do mesmo modo, depois de haver ceado, tomou o cálice, dizendo: "Este cálice é a nova aliança em meu sangue, derramado por vós".

Vamos responder

1) O que Jesus está celebrando? _____

2) O que Jesus fez, de forma diferente, quando celebrou a Ceia Pascal, antes de morrer?
_____

3) O que aconteceu com o pão que Jesus tomou, abençoou, partiu e deu aos discípulos dizendo: **"Isto é o meu corpo, que é dado por vós. Fazei isto em memória de mim"**?
_____

4) O que aconteceu com o vinho que estava no cálice, depois que Jesus "tomou e deu graças e disse: **"Este cálice é a nova aliança em meu sangue, derramado por vós"**.
_____

5) O que é que acontece com o pão e com o vinho na Eucaristia depois que o sacerdote pronuncia as mesmas palavras que Jesus disse na última ceia?
_____

Jesus é o "Pão vivo que desceu do céu". Jesus está vivo, ressuscitado e realmente presente na hóstia e no vinho consagrados. Em cada pequenino pão branco e em cada pequena porção de vinho consagrados, Jesus está todo inteiro. A hóstia é o pão ázimo feito de uma mistura assada de água e trigo.

Vivenciando a liturgia

1) Escreva nos pães os gestos que podem se transformar em VIDA, na nossa vida, quando não guardamos só para nós os dons que Deus nos dá, mas comemos e distribuímos o Pão...

da _____   da _____

da _____   da _____

da _____   da _____

2) Complete com as palavras do quadro trocando os números por vogais (1 = a; 2 = e; 3 = i; 4 = o; 5 = u):

Deus nos deu olhos para ver e enxergar:

Os _____ que Deus nos dá todos os dias.

As _____ dos nossos irmãos.

As _____ da criação.

O _____ dos necessitados.

A _____ entre irmãos.

A _____ dos aflitos.

A _____ dos que foram acolhidos.

O _____ que une no amor.

A _____ dos que celebram a Eucaristia.

A_____ pelo alimento que fortalece o corpo e o espírito.

D4NS
N2C2SS3D1D2S
M1R1V3LH1S
S4FR3M2NT4
P1RT3LH1
D4R
1L2GR31
P2RD14
5N3D1D2
1Ç14 D2 GR1Ç1S

Vamos ♡ memorizar

"Todas as vezes que comemos deste pão e bebemos deste cálice anunciamos, Senhor, a vossa morte, enquanto esperamos a vossa vinda".

Vamos 📖 procurar na Bíblia

1) Salmo 104(103),14s

☆ De onde o homem tira o pão? _____

☆ O que faz o vinho? _____

2) Mt 14,17-20 e 2Rs 4,42-44

☆ O que fez Eliseu?

_____

☆ O que Jesus fez? _____

Vamos desenhar

Na última ceia Jesus tomou o pão, deu graças, partiu-o e deu-lhes, dizendo: "Isto é o meu corpo, que é dado por vós". Do mesmo modo, depois de haver ceado, tomou o cálice, dizendo: "Este cálice é a nova aliança em meu sangue, derramado por vós". Para celebrar a Eucaristia, usamos o pão e o vinho. Depois da consagração, eles se tornam o Corpo e o Sangue de Jesus, como Jesus mesmo disse.

❖ **Desenhe o trigo e o pão – a videira e a uva**

20ª Catequese

A EUCARISTIA É UM SACRIFÍCIO

Hoje é dia ____/____/____
Estamos na _____ semana do tempo _____

"Eu sou o pão vivo descido do céu". Se alguém comer deste pão viverá para sempre. E o pão que eu darei é minha carne para a vida do mundo" (Jo 6,51).

Vamos ler para comungar o mistério cristão

Ele disse: **"Desejei ardentemente comer esta Ceia da Páscoa convosco, antes de sofrer"** (Lc 22,15).

Jesus sabe que deve cumprir sua missão: Jesus é o **Cordeiro Pascal** da Nova e Eterna Aliança que vai ser oferecido em sacrifício para o perdão dos pecados de todos os homens.

Jesus escolhe, para encerrar a riqueza de seu sacrifício, um alimento comum, para que os discípulos e seus sucessores, em todo tempo e lugar, pudessem realizar o memorial de seu sacrifício, para todos os homens.

Jesus, durante a ceia, toma o pão e o vinho para fazer deles seu Corpo e Sangue.

Milagre dos milagres: quando recebemos a Eucaristia recebemos o próprio Deus em nossas mãos e em nosso corpo.

Toda vez que a Igreja celebra a Eucaristia, faz presente no altar o Sacrifício de Jesus. *O sacrifício de Jesus e o sacrifício da Eucaristia são um único sacrifício.*

O sacrifício de Jesus é também o sacrifício da Igreja, que, como Corpo de Cristo, participa da oferta da sua Cabeça.

A Eucaristia é o sacramento do amor, da união e da caridade.

A Eucaristia é o sacramento do sacrifício, porque, pela comunhão do "Corpo e do Sangue" de Cristo, une entre si, com a sua Cabeça, todos os membros do Corpo de Cristo (a Igreja).

Vamos desenhar

❖ Ligue os pontos

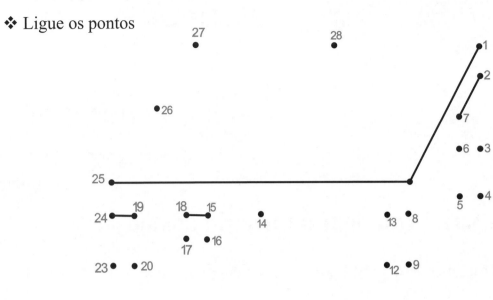

❖ Agora desenhe na mesa os principais sinais da Ceia Pascal, da ceia de seu povo que Jesus mandou os seus discípulos prepararem.

❖ Desenhe, nesta mesa, os alimentos que Jesus escolheu para fazer deles o seu Corpo e o seu Sangue.

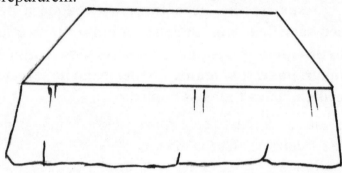

Vamos procurar na Bíblia

1Cor 11,23-26

✯ O que Jesus ia celebrar com os seus discípulos? _____

✯ O que iria acontecer para Jesus depois da Ceia Pascal?

_____

✯ Que alimentos Jesus toma e dá aos discípulos, depois de abençoá-los?

_____

✯ O que anunciamos quando comemos o Pão e bebemos o Cálice do Senhor?

_____

☆ Que aliança Jesus veio fazer conosco?

_____

• Procure na Bíblia **Ml 1,11.**

☆ Esta profecia de Malaquias se refere à Celebração da Eucaristia. Faça um desenho, ilustrando este versículo.

Nosso gesto concreto

"O Pão da Vida, a Comunhão, nos une a Cristo e aos irmãos.

E nos ensina a abrir as mãos, para partir, repartir o pão".

Este verso de um canto para o momento da comunhão nos exorta a fazer o mesmo sacrifício que Jesus fez por nós: ***dar a vida.*** Escreva nas setas os gestos concretos que você pode fazer para realizar o verso deste canto.

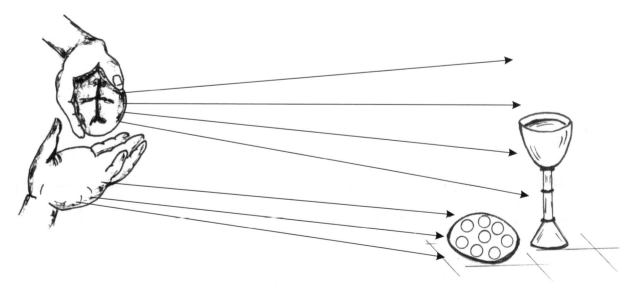

83

21ª Catequese

A EUCARISTIA É UMA RESSURREIÇÃO

Hoje é dia ____/____/____
Estamos na _____ semana do tempo _____

"Desde agora não beberei deste fruto da videira até aquele dia em que convosco beberei o vinho novo no Reino do meu Pai" (Mt 26,29).

Vamos ler para comungar o mistério cristão

Os discípulos de Jesus foram surpreendidos com a notícia da Ressurreição de Jesus. O domingo cristão é o dia da Ressurreição do Senhor.

Os primeiros cristãos se reuniam no primeiro dia da semana para a "fração do pão". São Paulo escreve: *"Se Cristo não ressuscitou, vã é a nossa fé"* (1Cor 15,14). Toda a nossa fé está baseada na Ressurreição de Jesus. A Eucaristia nos faz participantes da vida de Cristo Ressuscitado.

O cristão que se alimenta do Corpo e do Sangue de Jesus faz de cada domingo um dia especial – o "Dia do Senhor" – que ilumina a sua vida e lhe dá força e coragem para viver conforme os ensinamentos de Jesus.

Vamos procurar na Bíblia, ler e responder

1Cor 12,12s

• O que São Paulo escreve a respeito do nosso corpo?
_____
_____

• Para São Paulo, como é o Corpo de Cristo?
_____
_____

- Qual é o alimento do Corpo de Cristo? _____
- Todos os homens pertencem ao Corpo de Cristo? _____
- Quem pode pertencer ao Corpo de Cristo? _____
- Você pertence ao Corpo de Cristo? _____ Por quê? _____

Vivendo a liturgia

○ Na celebração da Eucaristia lembramos de todas as pessoas, das que estão vivas e das que já faleceram. Lembramos também de Maria, Mãe de Jesus, dos Apóstolos, dos mártires, enfim, de todos os anjos e santos do céu.

Como se chama esta comunhão de todas as pessoas em Jesus?

_____

○ Escreva, com suas palavras, as quatro grandes orações universais que a Igreja faz em todas as Celebrações Eucarísticas.

Pelas necessidades da Igreja

_____

_____

_____

Pelos poderes públicos e pela salvação de todo o mundo

_____

_____

_____

Pelos que sofrem qualquer dificuldade

_____

_____

_____

Pela comunidade local

_____

_____

_____

Vamos fazer cruzadinha

• Procure na Bíblia **1Cor 10,16- 17**. Leia com muita atenção. Complete as frases, e coloque a resposta de cada frase na linha correspondente da cruzadinha.

1) No primeiro dia da semana Jesus _____.

2) A Eucaristia torna presente a _____ dos cristãos.

3) Depois da Consagração, não é mais pão, é _____ de Cristo.

4) A Eucaristia reaviva em nós o _____ a Deus e ao próximo.

5) O cristão reconhece nos _____ a presença de Jesus.

6) A Eucaristia nos dá forças para vencer o _____ e o pecado.

7) Depois da Consagração, não é mais vinho, é _____ de Cristo.

8) O cristão que recebe a Eucaristia dá _____ de Jesus com a sua vida.

9) Diante do sofrimento dos irmãos a Eucaristia nos faz agir com _____.

10) Jesus nos convida a "dar a própria _____, como Ele fez".

22ª Catequese — "A EUCARISTIA É UMA FESTA" - COMO RECEBER A EUCARISTIA

Hoje é dia ___/___/___
Estamos na _____ semana do tempo _____

"Eu sou o Pão vivo, descido do céu. Quem comer deste pão viverá eternamente. [...] Quem come a minha Carne e bebe o meu Sangue tem vida eterna [...] permanece em mim e eu nele" (Jo 6,51.54.56).

Vamos ler para comungar o mistério cristão

"A Celebração Eucarística comporta sempre: a proclamação da Palavra de Deus, a ação de graças a Deus Pai por todos os seus benefícios, sobretudo pelo dom do seu Filho, a consagração do pão e do vinho e a participação no banquete litúrgico pela recepção do Corpo e do Sangue do Senhor. Estes elementos constituem um só e mesmo ato de culto" (CaIC, 1408).

Este trecho do Catecismo nos ensina que a nossa Celebração Eucarística poderá ser para nós fonte de graças e dons de Deus quando participamos de todos os ritos da Celebração. Cada momento da Celebração Eucarística é importante e tem um significado pleno. Viver cada momento é participar do "memorial da Páscoa de Cristo: isto é, da obra da salvação realizada pela Vida, Morte e Ressurreição de Cristo, obra esta tornada presente pela ação litúrgica" (CaIC, 1409).

Vamos participar, todos os domingos e dias santificados, da Eucaristia.

Procurar participar de todos os ritos da Eucaristia, desde a procissão de entrada até a saída do presbítero que presidiu a nossa celebração.

Vamos ler na Bíblia: *Jo 6,53-56*

1) O que é preciso para se ter a vida eterna?

_____
_____

87

2) Para quem Jesus promete a ressurreição?

___

3) O que é preciso para permanecer sempre junto de Jesus?

___

Vamos ler na Bíblia: *1Cor 11,27-29*

• *O que é "comer do pão ou beber do cálice do Senhor indignamente"?*

___

O Sacramento da Eucaristia é "O MISTÉRIO DE NOSSA FÉ".

É um grande e imenso dom que Deus nos deu. Muitos cristãos deram a sua vida para defender a Eucaristia dos que não acreditavam em Deus. Nosso Catecismo, no número 1386, diante da grandeza deste sacramento, exorta-nos a **dizer com humildade e com fé ardente** as palavras do centurião:

> "Senhor, eu não sou digno(a) de que entreis em minha morada;
> mas dizei uma palavra e serei salvo(a)"!

Jesus nos convidou para um banquete. Sabemos que não somos dignos de participar desta refeição. São Paulo, em sua Carta aos Coríntios, convida-nos a fazer um **exame de consciência.**

Durante a liturgia eucarística há o **rito penitencial.** É o momento de nos voltarmos a nós mesmos e pedir perdão a Deus pelas faltas cometidas.

O número 1385 do nosso Catecismo diz: *"Quem está consciente de um pecado grave deve receber o sacramento da reconciliação antes de receber a comunhão".*

Procuremos participar, sempre que possível, do sacramento da Penitência e da Reconciliação.

Através desse sacramento podemos obter a misericórdia de Deus, que perdoa nossos pecados, reconcilia-nos com o próximo, conosco mesmos e com a natureza.

Estaremos crescendo pelo conhecimento de nós mesmos e nos convertendo. Vivemos o amor. Viveremos a paz.

- A Eucaristia é um banquete. É uma festa. Para uma festa vamos bem arrumados, limpos, com roupas próprias para a ocasião. A Igreja nos convida a não tomar alimento pelo menos uma hora antes de receber Jesus na Eucaristia. Balas, doces, chicletes devem ser evitados durante a celebração. Esta abstenção de alimentos antes da comunhão é chamada de **jejum eucarístico.**

> Participar da Eucaristia com seriedade e praticar o jejum eucarístico demonstram a nossa alegria ao receber Jesus como nosso hóspede.

COMO RECEBER JESUS NA EUCARISTIA?

No ano 348, em Jerusalém, o Bispo São Cirilo ensinava:

"Ao te aproximares [da comunhão], não vás com as palmas das mãos estendidas, nem com os dedos separados; mas faze com a mão esquerda um trono para a direita como quem deve receber um Rei e no côncavo da mão espalmada recebe o corpo de Cristo, dizendo AMÉM.

Com segurança, então, santificando teus olhos pelo contato do corpo sagrado, toma-o e cuida de nada se perder.

Pois, se algo perderes, é como se tivesses perdido um dos próprios membros.

Dize-me, se alguém te oferecesse lâminas de ouro, não as guardarias com toda segurança, cuidando que nada delas se perdesse e fosses prejudicado? Não cuidarás, pois, com muito mais segurança, cuidando de um objeto mais precioso que ouro e pedras preciosas, para dele não perderes uma migalha sequer?"

Para receber a Hóstia consagrada vamos com a mão esquerda sobre a direita, formado um trono para Jesus, em forma de cruz. Enquanto esperamos para receber Jesus estejamos sempre atentos: vamos receber o grande dom de Deus: Jesus, que se faz nosso alimento. **O ministro nos apresenta a Eucaristia, dizendo: "O CORPO DE CRISTO". Olhando para a Hóstia dizemos em voz alta: "AMÉM".** Quando dizemos "Amém" estamos dizendo: "Eu Creio". "Eu aceito". "Sim". **Depois tomamos a hóstia com a mão direita e a levamos à boca** e a comemos. **Somente depois de colocada a hóstia na boca** nos afastamos do ministro e vamos para o nosso lugar. As mãos deverão permanecer juntas e estar perto do corpo na altura da cintura.

O QUE FAZEMOS DEPOIS DA COMUNHÃO?

• Depois da Comunhão fazemos um momento de silêncio. É O SILÊNCIO SAGRADO. É um momento para conversarmos com Jesus, que está presente em nós e em nosso irmão.

• Depois de recebermos Jesus Eucarístico, se a assembléia estiver cantando, participamos do canto da comunhão e de ação de graças.

Depois da Comunhão fazemos o silêncio sagrado.

Agradecemos a Deus pelos dons recebidos. Pedimos a sua ajuda. Podemos falar-lhe das nossas conquistas e dificuldades, tristezas e alegrias, das necessidades, de nossa família, da cidade, do nosso país e do mundo.

DE QUANTAS FORMAS PODEMOS RECEBER A EUCARISTIA?

• Geralmente recebemos a Eucaristia sob uma só espécie: A HÓSTIA. A hóstia é um pão ázimo feito de trigo e água, sem fermento.

• Nas solenidades, festas especiais ou em comunidades eclesiais, quando autorizadas, podemos receber a Eucaristia sob as espécies de pão e vinho.

Sempre que possível, procuremos receber Jesus na Eucaristia.

Ele é o nosso alimento, a nossa força, a nossa vida.

Participar da Eucaristia é viver, já, a vida eterna.

✓ Para eu me lembrar: O que devo fazer até o dia da minha Primeira Comunhão:

_____

_____

_____

Catequeses

litúrgicas

1ª Catequese Litúrgica

JESUS NOS ENSINA A SERVIR

Hoje é dia ____ / ____ / ____

Estamos na _____ semana do tempo _____

> "Dei-vos o exemplo para que, como eu vos fiz, também vós o façais" (Jo 13,15).

Vamos ler e refletir, para participar melhor da vida litúrgica da Igreja

Jesus sabia que havia "*chegado a sua hora*". Jesus se preparava para cumprir até o fim a sua missão: *"morrer na cruz e ressuscitar"*. Era o tempo em que os judeus celebravam a Festa da Páscoa. Jesus sempre procurou cumprir a lei para torná-la mais perfeita. Neste tempo, Jesus preparou-se com os seus apóstolos para a Ceia Pascal. Era costume que o menor escravo, ou o menos importante dentre os presentes, lavasse os pés de todos os que participavam da celebração. Os apóstolos já haviam se perguntado: *"Quem é o maior entre nós?"* Reunidos na sala para a ceia devem ter murmurado entre eles: E agora quem vai lavar os nossos pés? Não temos servos! Os que prepararam a ceia devem ter dito: "Nós preparamos a ceia, agora quem não fez nada, que lave os pés". Sem que eles esperassem, *"Jesus tomou a toalha, cingiu os rins e começou a lavar os pés de seus apóstolos e disse: "Se eu, vosso Mestre e Senhor, lavei-vos os pés, também deveis lavar-vos os pés uns dos outros. Se compreenderdes isto e o praticardes, felizes sereis"*.

Nessa Semana Santa somos convidados a experimentar este gesto que Jesus realizou. Somos convidados a refletir sobre como agir da mesma forma que Jesus agiu, na nossa casa, com os parentes, amigos, colegas e principalmente com aqueles que nos fazem mal.

Vamos refletir e responder com o coração

1) Jesus lavou os pés dos seus apóstolos? _____

2) Por que Jesus quis lavar os pés dos seus apóstolos?

_____

_____

3) Na Igreja, durante a Semana Santa, você já participou da Celebração do Lava-pés na quinta-feira? _____

4) Hoje, durante a celebração, seu catequista, repetindo o gesto de Jesus, lavou o seu pé? _____

5) Qual o sentido desse gesto para você?
_____
_____

6) Você lavou os pés de algum colega seu? _____

7) Diga o porquê.
_____
_____
_____

Vivenciando a liturgia

Escreva nos pingos d'água atitudes que você pode tomar, fazendo com que a celebração de hoje se "torne vida em sua vida":

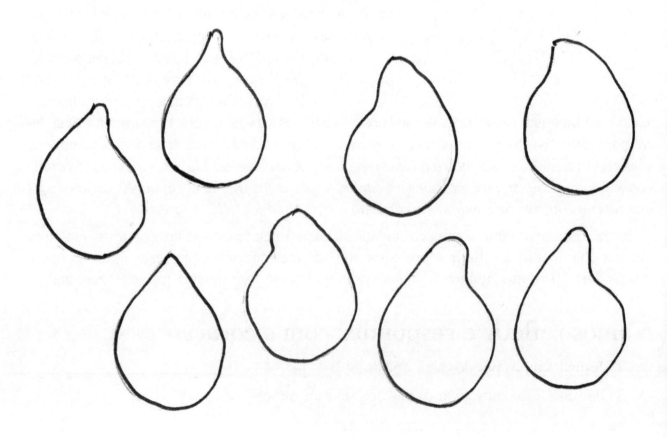

Vamos conferir na Bíblia

☆ Procure e leia com atenção Lc 9,46-48 e Mt 10,40-42

1) Qual o motivo da discussão?

2) O que Jesus fez?

3) Qual será a recompensa de quem fizer o bem ao mais pequenino?

4) Escreva o que você pode fazer concretamente a exemplo de Jesus:

Vivenciando a Campanha da Fraternidade

Ilustre o tema da Campanha
da Fraternidade

• Qual o tema da Campanha da Fraternidade deste ano?

• O lema da Campanha da Fraternidade é

Para memorizar e rezar sempre

Muitas vezes agimos de maneira "invertida". Parece até que "não somos nós" quando fazemos determinadas coisas, como, por exemplo, humilhamos um colega, negamos uma ajuda, desrespeitamos nossos professores, pais ou outro colega.

• Descubra a oração, que reflete, invertida, no espelho. Esta oração você poderá rezar nesses momentos, lembrando de Jesus e pedindo-lhe a sua ajuda.

> Jesus, manso e humilde de coração, fazei meu coração semelhante ao vosso.

• Escreva aqui a oração que você descobriu:

_____

_____

_____

2ª Catequese Litúrgica
PÁSCOA: VIDA NOVA PARA TODOS

Hoje é dia ____/____/____
Estamos na _____ semana do tempo _____

"Cristo, nossa Páscoa, foi imolado; celebremos, pois, a festa" (1Cor 5,7-8).

Vamos ler e refletir, para participar melhor da vida litúrgica da Igreja

No Egito, Moisés pediu que o povo, na noite da Páscoa, matasse um cordeiro sem mancha e que com o seu sangue pintasse a porta. Este sinal salvaria da morte os que estivessem naquela casa.

Jesus é o nosso Cordeiro Pascal. Jesus com o seu sangue nos salvou da morte. Fomos perdoados de todos os nossos pecados. Celebrando a Páscoa somos convidados a morrer e a ressuscitar com Jesus para uma "vida nova".

Jesus nos dá um novo mandamento: *"amai-vos uns aos outros como eu vos amei"*.

Vamos 📖 pesquisar e responder

☆ Procure a primeira carta de João

1) Abra no capítulo 2, versículo 3
   • Como sabemos que conhecemos Jesus?
   _____

2) Procure agora o capítulo 3, versículo 23s
   • Qual é o mandamento de Jesus?
   _____
   _____

• Como sabemos que Deus permanece em nós?
_____

3) Procure o capítulo 4, versículo 10s
   • Quem nos amou primeiro?
_____
_____

• Como podemos viver, hoje, o que Deus nos pede?
_____
_____
_____
_____

Vamos ler e meditar

Na noite da Páscoa ressoa um forte grito: Cristo ressuscitou!

Na "*noite, mais clara que o dia*" o mesmo Deus, que "*com mão forte e poderosa libertou o seu povo do Egito*", chama Jesus da morte para uma vida imortal e com Ele todos os homens são salvos da morte.

A noite da Páscoa ilumina e dá sentido a todas as outras celebrações do ano todo.

O Círio Pascal é aceso na noite da Páscoa. O fogo que acende o círio é tirado de uma faísca que sai quando se bate duas pedras entre si. É o "fogo novo". É sinal de Jesus ressuscitado.

Vamos desenhar

• *Desenhe, no quadro ao lado, o Círio Pascal conforme o que lemos e meditamos acima:*

Vamos fazer um sino

• Cole o sino no quadro abaixo e faça as "ondas sonoras" do sino que bate alegre anunciando a ressurreição de Jesus. Escreva nas ondas o que os cristãos devem fazer para testemunhar Jesus, hoje.

3ª Catequese Litúrgica
PENTECOSTES: O SOPRO DO ESPÍRITO SANTO

Hoje é dia ____/____/____
Estamos na _____ semana do tempo _____

"Vinde, Espírito Santo, enchei os corações dos vossos fiéis; acendei neles o fogo do vosso amor."

Vamos ler e refletir, para participar melhor da vida litúrgica da Igreja

Quem é o Espírito Santo?

"Ninguém pode dizer Jesus é o Senhor a não ser pelo Espírito Santo" (1Cor 12,3).

"Deus enviou aos nossos corações o Espírito de seu Filho que clama ABBÁ, PAI" (Gl 4,6).

Depois que Jesus subiu aos céus, os discípulos se reuniram no Cenáculo com Maria. Eles estavam esperando o Espírito que Jesus lhes havia prometido. Eles não sabiam o que iria acontecer. Estavam tristes, abatidos e com medo.

Era manhã, quando um forte vento soprou e o Espírito Santo desceu sobre os discípulos, como "línguas de fogo".

Os apóstolos, sem medo, começaram a pregar. Havia gente de todos os lugares conhecidos naquela época e cada um falava a língua do lugar de onde tinham vindo. Os apóstolos pregavam na língua que eles falavam normalmente no dia a dia, porém cada pessoa que os ouvia entendia a pregação em sua própria língua.

Os apóstolos receberam os dons do Espírito Santo.

O que são dons?

Dons são presentes. Deus dá aos homens presentes, dons e graças. Os dons, que Deus dá a uma pessoa, servem para que ela viva feliz, no amor de Deus e viva fazendo o bem ao seu próximo.

Quais são os dons do Espírito Santo?

O dom da **SABEDORIA** – É a possibilidade de conhecer Deus e de agir segundo a Sua Vontade.

O dom da **INTELIGÊNCIA** – É a capacidade de compreender a Palavra de Deus.

O dom do **CONSELHO** – É a capacidade de escolher fazer sempre a Vontade de Deus.

O dom da **FORTALEZA** – É a coragem de viver e anunciar a Palavra de Deus a todas as pessoas, mesmo que isto custe a própria vida.

O dom da **CIÊNCIA** – É a adoração do espírito diante do Rei da Glória, é o silêncio respeitoso diante do Deus sempre maior.

O dom da **PIEDADE** – É a graça de se estar em contínua oração de louvor, agradecimento e súplica por si e pelos outros.

O dom do **TEMOR DO SENHOR** – É reconhecer-se criatura diante de seu Criador. É o conhecimento do próprio nada como criatura e do seu pecado diante da grandeza e da perfeição de Deus que usa de misericórdia para com os que o procuram.

✠ Vamos ler e refletir sobre a ação do Espírito Santo, hoje, na Igreja

O Espírito Santo tem a missão de nos santificar e conduzir, hoje, na Igreja. Por ele podemos conhecer a Deus e fazer a sua vontade. Podemos rezar. Podemos ser bons. Podemos amar a Deus sobre todas as coisas e ao próximo como a nós mesmos.

Vamos ver o que São Paulo escreve sobre os frutos do Espírito Santo.

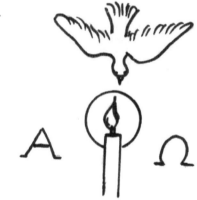

Procurar 1Cor 12,4-11 e Gl 5,22s e responder:

1) Escreva em cada chama o nome de um dom do Espírito Santo.

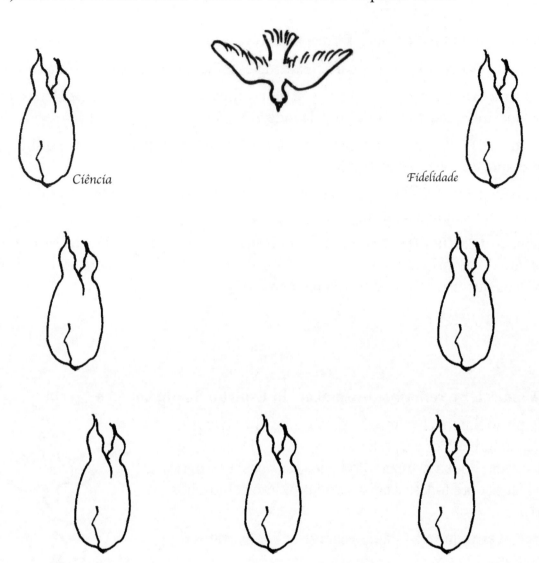

2) Ao lado das chamas escreva os frutos que os dons do Espírito Santo suscitam nas pessoas que os recebem.

3) Como o Espírito Santo age na Igreja hoje?
___
___
___

4) Em sua comunidade existem pessoas que deixando-se conduzir pelo Espírito Santo, tornaram-se discípulos missionários.

Coloque em cada quadrinho o nome de uma pessoa que você conhece e escreva ao lado o bem que ela fez.

4ª Catequese Litúrgica
MARIA PREFIGURADA NO ANTIGO TESTAMENTO NOS ENSINA A VIVER

Hoje é dia ____/____/____
Estamos na _____ semana do tempo _____

"Mulher, eis aí o teu filho! [...] Filho, eis aí a tua mãe"! (Jo 19,25ss).

Vamos ler e refletir, para participar melhor da vida litúrgica da Igreja

Maria é Mãe de Jesus. Maria é nossa Mãe.

Deus criou o mundo e viu que tudo era bom. Deus deu todas as coisas ao homem. Adão e Eva quiseram ter o mesmo conhecimento e ser como Deus, por isso foram rejeitados e expulsos do Paraíso. Mas Deus prometeu-lhes um Salvador.

No Antigo Testamento, Deus preparou um povo. Escolheu Abraão, Isaac, Jacó e José. Fez com eles uma Aliança. Chamou Moisés e libertou seu povo do Egito com *"mão forte e poderosa"*. Conduziu o povo pelo deserto, alimentando-o com o maná e codornizes; tirou a água da rocha e deu para eles a Lei, no Monte Sinai.

O Antigo Testamento é figura do Novo Testamento. Muitos homens e mulheres, do Antigo Testamento, ouviram a Voz de Deus, obedeceram suas Leis e Mandamentos. A Igreja, lendo e meditando as Sagradas Escrituras, vê que acontecimentos antigos são figuras dos acontecimentos da *"plenitude dos tempos"*, tempo da vinda de Jesus. Maria, Mãe de Jesus, ilumina a vida de mulheres que viveram no Antigo Testamento. Mulheres do Antigo Testamento que procuraram viver conforme a Palavra de Deus.

Dentre muitas mulheres do AT podemos citar algumas que retratam aspectos importantes na História da Salvação: Eva, Rute, Ana (mãe de Samuel), a viúva de Sarepta, Judite e Ester.

Maria possui em si todas as virtudes, ela foi escolhida e amada por Deus desde toda a eternidade para ser a Mãe do Filho de Deus.

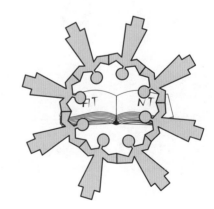

Maria é, para nós, um sinal de que é possível OUVIR E PRATICAR A PALAVRA DE DEUS. Em Maria temos o exemplo de como viver uma vida de fé, esperança, amor, acolhimento, perdão, castidade, serviço, enfim de todas as virtudes.

As figuras de Maria no Antigo Testamento

1) EVA: Gn 2,21-25; Gn 3,1-24

Maria é a nova Eva por sua **obediência.**

2) SARA: Gn 18,1-15; Gn 21,1-7

Na figura de Sara, Maria é **a mãe fecunda.**

3) RUTE: Rt 1,1-22; Rt 4,9-21

Maria é aquela que tem **fé** inabalável, em Rute.

4) ANA: 1Sm 1,1-28; 1Sm 2,1-10

Maria é a humilde que **confia** no Senhor, em Ana.

5) VIÚVA DE SAREPTA: 1Rs 17,7-26

Maria é aquela que **acolhe e partilha**, na viúva de Sarepta.

6) JUDITE: Jt 8,1-9; 9,1; 13,1-20

Maria é aquela que **traz a Salvação**, em Judite.

7) ESTER: Est 5,1-10; 7,1-10

Em Ester, Maria **se coloca a serviço** do povo.

A minha figura é: _____

1) Ler as citações.

2) Responder as perguntas:

• Quem foi _____?

• O que ela fez?

_____

_____

_____

• Em quais atitudes _____ se destacou? (Força? Coragem? Humildade? Obediência? Pureza? Confiança? Ou alguma outra? Qual?) Explique.

_____

_____

_____

3) Fazer a comparação com Maria, respondendo:

• O que Maria fez?

_____

_____

• Em quais atitudes, ela se destacou: (Força? Coragem? Humildade? Obediência? Pureza? Confiança? Ou alguma outra?) Quais?

_____

Explique:

_____

_____

_____

• Maria e _____ tiveram atitudes semelhantes ou diferentes?

_____

O quê?

_____

_____

Vamos agir

• A exemplo de Maria, o que você pode fazer?

_____

_____

_____

• E em favor de quem?

_____

_____

5ª Catequese Litúrgica
"SOLENIDADE DO SANTÍSSIMO CORPO E SANGUE DE CRISTO": DOM DE AMOR

Hoje é dia ____/____/____
Estamos na _____ semana do tempo _____

"O Senhor alimentou seu povo com a flor do trigo e com o mel do rochedo o saciou" (Sl 80,17).

Vamos ler e refletir, para participar melhor da vida litúrgica da Igreja

O Batismo nos fez filhos de Deus. Participamos da Igreja de Jesus. Somos chamados a viver em comunidade celebrando e louvando a Deus Pai que nos criou, a Deus Filho, Jesus Cristo, que nos salvou por sua morte e ressurreição, e a Deus Espírito Santo, que nos santifica e nos conduz hoje na Igreja.

Encerrando as solenidades pascais com a Festa de Pentecostes somos convidados a celebrar a Solenidade do Santíssimo Corpo e Sangue de Cristo. É a **"Festa de *Corpus Christi*"** (A palavra *Corpus Christi* vem do latim, que é a língua oficial da Igreja, quer dizer "Corpo de Cristo").

Antes de morrer, Jesus nos deixou como alimento seu Corpo e seu Sangue. Ele disse: ***"Eu sou o pão descido do céu. Quem comer deste pão viverá eternamente. O pão que eu darei é a minha carne para a vida do mundo"*** (Jo 6,51).

Como Deus, no Antigo Testamento, alimentou seu povo no deserto com o maná, agora Jesus nos deixa o verdadeiro pão do céu. ***"Ele não é como o que os vossos pais comeram e pereceram. Quem come deste pão viverá para sempre!"*** (Jo 6,49-51).

Na última ceia Jesus toma sinais simples como pão e vinho para realizar seu maior milagre.

No Antigo Testamento, o Sacerdote Melquisedec oferece pão e vinho como sacrifício de louvor a Deus quando se encontrou com Abraão, agradecendo a Deus pela vitória conquistada numa batalha.

O primeiro milagre que Jesus realiza é a transformação da água em vinho durante uma Bodas em Caná. Em outra ocasião, depois de pregar, Jesus, percebendo que a noite se aproximava, mandou que seus apóstolos dessem de comer aos que o seguiam. Era impossível conseguir alimento para tão grande multidão. Havia apenas cinco pães e dois peixes. Jesus multiplicou os pães e deu de comer a cinco mil homens, sem contar as mulheres e as crianças.

Jesus prometeu que não nos deixaria órfãos (Jo 14,18). Ele enviou o Espírito Santo para nos ensinar toda a Verdade (Jo 16,13). Jesus permanece conosco vivo e ressuscitado na Eucaristia (Jo 6,48-58).

Celebrar a Festa de *Corpus Christi* é testemunhar nossa fé em Jesus. Participar da procissão que leva Jesus na Eucaristia é manifestar aos homens que Jesus está vivo e ressuscitado no meio de seu povo. Na procissão é a Igreja que caminha peregrina nesse mundo, alimentada com o pão do céu na esperança de participar do banquete no Reino do Pai, anunciando a morte do Senhor "até que ele volte".

Vivenciando a liturgia

Na Eucaristia, depois da Consagração, o presbítero celebrante diz: "EIS O MISTÉRIO DA NOSSA FÉ".

○ Complete o quadro escrevendo o que a assembleia responde:

Todas as vezes que _____
_____
_____
_____

Leia com atenção

Jesus Cristo é o centro e o ápice de toda a História da Salvação. A Eucaristia, que é memorial da paixão, morte e ressurreição de Jesus, é também memória e é celebração da história do povo de Israel, povo escolhido e amado de Deus; é memorial e celebração da vida de Jesus e da história da Igreja – o "novo povo de Deus". Memorial é a lembrança viva e permanente de uma pessoa ou de um acontecimento.

A Solenidade do Santíssimo Corpo e Sangue de Jesus nos coloca diante de três realidades:

- *Passado*: Instituindo a Eucaristia, Jesus nos deixou um sinal vivo e permanente de sua presença no meio da humanidade, de sua ação Redentora: sua paixão, morte e ressurreição.

- *Presente*: celebrando a Eucaristia, o mesmo fato acontecido no passado se torna presente, com toda a sua força e eficácia redentora. É Cristo mesmo, que está presente, sob as espécies do pão e do vinho.

- *Futuro*: na Eucaristia, a presença de Cristo nos projeta para um tempo de esperança. É um tempo de expectativa porque o que hoje é figura será a plena realização. Então, veremos a Deus, face a face.

O Desenhe em cada quadro as realidades que vivenciamos na Festa de *Corpus Christi*, conforme a explicação acima.

PASSADO	PRESENTE	FUTURO

Vamos 📖 conferir na Bíblia

• Procure o Salmo 23(22). Leia com atenção e complete a cruzadinha. Na coluna do meio você irá descobrir o nome que damos para a solicitude de Deus para com todas as suas criaturas.

1) De quem este salmo fala?
2) O que o Pastor nos restaura?
3) O que me deixa tranquilo?
4) Por onde Ele me conduz sem temor?
5) Por onde Ele me guia?
6) Como são as pastagens onde o Pastor me leva?
7) Com o que Ele unge minha cabeça?
8) Como fico vendo seu bastão?
9) O que terei todos os dias?
10) Quando terei felicidade e amor?
11) O que será a casa de Deus para mim?

Nosso gesto concreto

Deus é "PROVIDÊNCIA". Deus cuida de nós. Deus não nos deixou na morte e no pecado. Ele nos deu Jesus que nos ensinou: *"amai-vos uns aos outros como eu vos amei"*.

✴ O que podemos fazer para "fazer o que Jesus fez"?

_____

_____

_____

_____

Conhecendo a História da Igreja

Na quinta-feira depois do Domingo da Santíssima Trindade, celebramos a Solenidade do Corpo e do Sangue de Cristo.

No ano de 1264 o Papa Urbano IV promulgou a Bula *Transiturus*, instituindo para toda a cristandade a Festa do Corpo de Deus. Durante o Concílio de Viena o Papa Clemente V a consolidou. Santo Tomás de Aquino, um grande estudioso da Igreja, a pedido do Papa compôs este hino que é rezado ainda hoje nas celebrações.

1) Eu vos adoro devotamente, ó Divindade escondida,
Que verdadeiramente oculta-se sob estas aparências,
A Vós, meu coração submete-se todo por inteiro,
Porque, vos contemplando, tudo desfalece.

2) A vista, o tato, o gosto falham com relação a Vós
Mas, somente em vos ouvir em tudo creio.
Creio em tudo aquilo que disse o Filho de Deus,
Nada mais verdadeiro que esta Palavra de Verdade.

3) Na cruz, estava oculta somente a vossa Divindade,
Mas aqui oculta-se também a vossa Humanidade.
Eu, contudo, crendo e professando ambas,
Peço aquilo que pediu o ladrão arrependido.

4) Não vejo, como Tomé, as vossas chagas.
Entretanto, vos confesso meu Senhor e meu Deus
Faça que eu sempre creia mais em Vós,
Em vós esperar e vos amar.

5) Ó memorial da morte do Senhor,
Pão vivo que dá vida aos homens,
Faça que minha alma viva de Vós,
E que a ela seja sempre doce este saber.

6) Senhor Jesus, bondoso pelicano,
Lava-me, eu que sou imundo, em teu sangue
Pois que uma única gota faz salvar
Todo o mundo e apagar todo pecado.

7) Ó Jesus, que velado agora vejo
Peço que se realize aquilo que tanto desejo
Que eu veja claramente vossa face revelada
Que eu seja feliz contemplando a vossa glória.
Amém.

6ª Catequese Litúrgica
VOCAÇÃO, ESCOLHA E CHAMADO DE DEUS

Hoje é dia ____ / ____ / ____
Estamos na _____ semana do tempo _____

"Não fostes vós que me escolhestes, mas fui eu que vos escolhi a vós" (Jo 15,16).

Vamos ler e refletir, para participar melhor da vida litúrgica da Igreja

Pelo Batismo somos chamados a ser filhos de Deus. Esta é a vocação primeira do cristão (cf. Mt 16,24). É um chamado pessoal de Jesus (cf. Mt 22,1-14). É uma graça, é um dom de Deus, é uma vocação que nasce do Espírito Santo que nos faz ouvir a Palavra de Deus e dar uma resposta (cf. 1Cor 7,24; Rm 8,16).

Pelo Batismo fomos inseridos no Corpo de Cristo, a Igreja. Ela é a Assembleia dos amados, dos que foram escolhidos e chamados e que desejam corresponder ao convite de Jesus, vivendo a sua vocação de filhos de Deus, no mundo em que vivem.

Quando estamos estudando, ajudando nossos pais, nossos colegas ou amigos ou um irmão necessitado, nos momentos de oração, de lazer ou de descanso participamos do **múnus sacerdotal de Cristo**.

Quando damos testemunho de nossa fé superando as dificuldades e os problemas com paciência e coragem, acreditando no amor de Deus participamos do **múnus profético de Cristo**.

Quando, vencendo o egoísmo, o comodismo, a preguiça que existe em nosso coração, colocamo-nos a serviço dos irmãos na Igreja, principalmente dos mais pobres, pequeninos e necessitados participamos do **múnus real de Cristo**. Múnus é ministério, é trabalho, é função.

Jesus nos chama a ser discípulos. Somos convocados para seguir Jesus conforme os carismas e dons que recebemos. Somos chamados a nos colocar a serviço de nossos irmãos, daqueles que conosco convivem, principalmente daqueles que são mais necessitados (1Cor 12,4-11).

Maria é a Mãe da Igreja. Maria é a primeira discípula. Ela nos dá exemplo de como ser discípulo. Ela foi correndo ajudar a sua prima Isabel. Quando ela foi convidada para uma festa de casamento, percebendo que acabara o vinho, pediu ajuda para Jesus e Ele fez o seu primeiro milagre. Maria nos aponta e nos conduz a Jesus dizendo: *"fazei tudo o que Ele vos disser"* (cf. Jo 2,1-12).

Vamos procurar na Bíblia

☆ Leia 1Pd 2,4-6 com atenção e responda:

1) Para São Pedro, o que nós somos?

_____

_____

2) Como pedras vivas, o que formamos?

_____

São Pedro diz que Jesus é a "pedra viva". Ele é a "pedra angular". Quando um edifício é construído, o alicerce é feito primeiro, depois são colocadas as vigas e as lajes para sustentar a edificação. Antigamente para se construir tetos arredondados usava-se a "pedra angular". Dizem que ela era a última pedra a ser colocada na construção. Ela sustentava o teto, se tirasse essa pedra o teto caía. Os antigos fornos a lenha de nossa zona rural eram assim construídos.

Vamos refletir, usando a nossa imaginação

1) Quais são os materiais usados para construir um prédio?

_____

_____

2) O que aconteceria se o tijolo mandasse o cimento ir embora e se o cimento não quisesse ser mais cimento; se a tinta brigasse com o tijolo; e se o ladrilho quisesse ficar no teto; se os canos saíssem da parede e com os fios de arame mais os cabos de aço se enroscassem uns com os outros, fazendo buracos na parede e no chão?

_____

_____

_____

3) Nós não vivemos sozinhos. Temos uma família, os colegas da escola, os amigos que moram na mesma rua. Os que participam da catequese conosco. Você acha que o que imaginamos pode acontecer conosco? _____

4) Em que situação o desentendimento, a discórdia, a confusão, a balbúrdia, o tumulto, a agitação, a desordem, o conflito podem acontecer?

_____

_____

Nosso gesto concreto

✳ Vamos procurar na Bíblia 1Cor 10,24 e ler com atenção:

Pelo Batismo nos tornamos filhos de Deus e testemunhas de Jesus. Juntos formamos o "edifício espiritual" que é a Igreja. Somos convidados a colocar todos os dons e bens que recebemos de Deus a serviço de nossos irmãos.

NÓS TEMOS	DEVEMOS USAR PARA...
Fé...	
Amor...	
Inteligência...	
Saúde...	
Dinheiro ...	*auxiliar os irmãos mais pobrezinhos e necessitados*

Vivenciando a liturgia

Na celebração eucarística, durante ofertório bendizemos a Deus pelos dons que Ele nos concede. O sacrifício de Jesus que vai ser renovado no altar é oferecido para cada um dos presentes em particular e por toda a Igreja. Nós somos um povo, formamos a Assembleia dos amados e escolhidos de Deus. Somos um só Corpo, o Corpo de Cristo. A Eucaristia é o sinal concreto desta realidade.

O Presidente da celebração – o presbítero – no final dessa oração convoca a comunidade paroquial para rezar. A comunidade que estava sentada levanta-se e faz a oração pedida.

Vamos recordar e memorizar

Presidente da celebração: *Orai, irmãos, para que este sacrifício seja aceito por Deus Pai todo-poderoso.*

Assembleia: *Receba o Senhor por tuas mãos este sacrifício, para a glória de seu nome, para o nosso bem e de toda a santa Igreja.*

7ª Catequese Litúrgica
MISSÃO: PROJETO DE AÇÃO PERMANENTE DE JESUS E DA IGREJA

Hoje é dia ____/____/____
Estamos na _____ semana do tempo _____

"Ide por todo o mundo. Sereis minhas testemunhas em Jerusalém, em toda a Judeia, na Samaria, e até os confins do mundo" (Mc 16,15; At 1,8).

Vamos ler e refletir, para participar melhor da vida litúrgica da Igreja

O Batismo nos insere no Corpo de Cristo. O Batismo nos possibilita participar do Banquete Eucarístico. Alimentados pelo Pão da Palavra e pelo Corpo e Sangue de Jesus, somos enviados para a missão: *"Ide e anunciai a todos os povos"*, não só para os que estão perto de nós, mas também para os que estão longe.

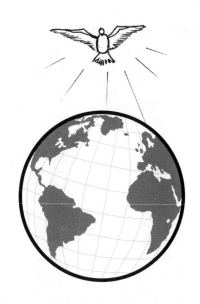

Todos os cristãos recebem no Batismo a missão de ser discípulos de Jesus. Ele percorria as cidades, ia de aldeia em aldeia, sentia compaixão do povo que sofria, então curava os doentes e alimentava o povo faminto.

Em sua oração pedia ao Pai operários para a "messe" que era muito grande. "Messe" é plantação. Jesus comparava o Reino de Deus com um semeador, que semeava as sementes no campo. Quem vai ajudar na colheita?

Nós somos convocados a trabalhar na "messe de Deus" que é o mundo todo. Muitos cristãos respondem a esta convocação do Senhor e saem para trabalhar nas missões.

Cada um de nós tem uma missão a realizar. Só nós podemos realizar essa missão que é nossa.

Testemunhando o Batismo recebido

1) Os apóstolos

   Procure na Bíblia e leia: At 2,1-8

   ✦ Complete a figura, desenhando os sinais que manifestaram a vinda do Espírito Santo sobre os apóstolos e a Virgem Maria, em Pentecostes.

   ✦ Escreva o que os apóstolos realizaram depois que receberam o Espírito Santo.

   _____
   _____
   _____

2) Os primeiros cristãos

   Procure na Bíblia e leia: At 4,32-34

   ✦ Coloque as frases que dizem como os primeiros cristãos testemunharam o seu Batismo na ordem correta.

   • alma. só Os um e que coração eram uma só acreditaram

   _____

   • entre era comum. Tudo eles

   _____

   • eles. Não entre necessitados havia

   _____

   • necessidade. sua a um Davam cada a conforme

   _____

117

3. O testemunho da Igreja

Com que gestos concretos podemos dar testemunho do nosso Batismo, como Igreja?

✦ Procure as palavras no caça-palavras.

W	A	C	O	L	H	I	D	A	Q	C	R	A	D	I	V
A	Z	U	S	D	F	G	H	K	J	O	L	V	Ç	C	Ç
S	E	R	V	I	Ç	O	V	X	Z	M	C	I	V	O	B
Q	X	S	A	N	Ú	N	C	I	O	U	X	S	V	L	B
A	R	O	M	A	J	G	J	C	O	N	V	I	T	E	S
T	E	S	T	E	M	U	N	H	O	H	K	T	V	T	U
Z	O	R	A	Ç	Ã	O	N	P	G	Ã	H	A	L	A	J
B	A	T	E	-	P	A	P	O	X	O	H	S	P	S	M

✦ Agora pense e responda, no quadro:

Como discípulo de Jesus o que **você** pode fazer concretamente para *"anunciar a todos o Reino de Deus"*.

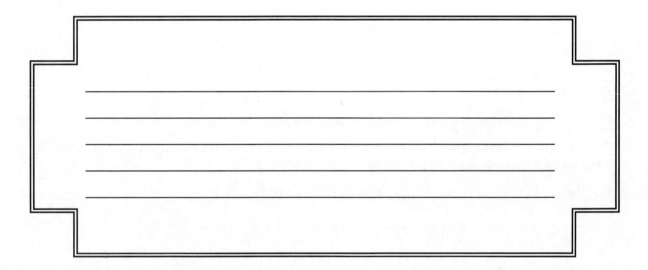

Vivenciando a liturgia

Leia com atenção

São Justino era um grande estudioso. Ele refletiu muito sobre a Sagrada Escritura e a vida da Igreja, por isso ele foi chamado de filósofo cristão e teólogo leigo. Deixou vários escritos relatando a vida dos cristãos de sua época. No ano de 165, testemunhando a fé, morreu mártir, com mais seis companheiros. Em Roma, diante do prefeito Rústico que lhe perguntava: "Que doutrina professas? Justino respondeu: *"Estudei e quis aprender todas as doutrinas, porém eu escolhi acreditar na verdadeira doutrina dos cristãos"*. Ele foi interrogado durante muitas horas sobre a fé cristã. O prefeito Rústico chamando-o novamente disse: "você é cristão"?, Justino disse: *"Sim, sou cristão com a graça de Deus"* (cf. LIÉBAERT, Jacques. *Os padres da Igreja, séculos I-IV*, capítulo 3). Em várias partes do mundo, há cristãos evangelizando como missionários. Muitos são perseguidos e mortos. Os que morrem testemunhando a fé são chamados mártires.

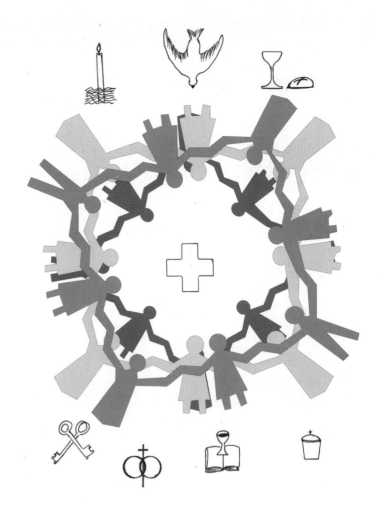

São Justino escreveu sobre a celebração. Os cristãos que moravam nos campos ou nas cidades reuniam-se, todos juntos, em um local escolhido. Essa reunião era realizada no dia chamado "Dia do Sol" – que para nós hoje é o domingo. Durante a reunião eram lidos os escritos e as cartas chamadas de "memórias dos apóstolos" e os livros dos profetas. Liam durante o tempo que lhes era possível. Após o final da leitura aquele que estava presidindo a reunião explicava o que tinha sido lido, ensinava a doutrina da fé cristã e convidava os presentes a praticar os ensinamentos que ouviram. Eles se reuniam no primeiro dia da semana, Dia do Sol, porque esse era o dia em que Jesus Cristo Salvador, vencendo as trevas da morte, ressuscitara glorioso dos mortos (cf. *Liturgia das Horas*, II volume – Ofício das Leituras do 3º Domingo da Páscoa, Segunda Leitura).

 Responda

1) Qual dia da semana é o "Dia do Sol"?
_____
_____

119

2) Quem se reunia no "Dia do Sol", o primeiro dia da semana, o mesmo dia em que Jesus Cristo Salvador ressuscitou dos mortos?

_____

_____

3) Por quanto tempo os cristãos ficavam ouvindo a leitura das memórias dos apóstolos e os escritos dos profetas?

_____

_____

4) O que fazia, "aquele" que presidia, depois da leitura?

_____

_____

5) Essa reunião descrita por São Justino corresponde a nossa Eucaristia. Em que dia da semana somos chamados para celebrar a Eucaristia?

_____

_____

6) Depois das leituras o presbítero que preside a Missa faz a homilia, isto é, ele explica o sentido das leituras para a nossa vida.

Como nos comportamos enquanto o padre faz esta explicação?

_____

_____

8ª Catequese Litúrgica
FAMÍLIA, IGREJA DOMÉSTICA

Hoje é dia ____/____/____
Estamos na _____ semana do tempo _____

"Jesus crescia em sabedoria, idade e graça diante de Deus e dos homens" (Lc 2,52).

Vamos ler e refletir, para participar melhor da vida litúrgica da Igreja

Todos os seres humanos vêm de uma família, têm um pai e uma mãe. Jesus teve uma família. Jesus nasceu em uma gruta, porque não tinha lugar para sua Mãe ficar numa estalagem, em Belém. O berço de Jesus foi uma manjedoura com palhas, junto deles estavam animais que se abrigavam do frio naquela gruta. Jesus sofreu junto com seus pais o exílio no Egito, porque o Rei Herodes queria matá-lo.

Hoje, as famílias também passam por muitos sofrimentos. Como podemos superar todos os problemas de nossa família? Olhando para a família de Nazaré podemos aprender a superar os nossos problemas e conflitos. O que faziam Jesus, Maria e José? Eles tinham Deus com eles. Eles rezavam juntos. Eles iam ao Templo juntos, louvar e bendizer a Deus. Eles participavam das festas juntos como em Caná. E se havia algum problema eles resolviam juntos.

Uma vez Jesus se perdeu de seus pais. Depois de três dias foram encontrá-lo no Templo, com os doutores da Lei. Maria, sua Mãe, conversou com Ele sobre o acontecimento. Jesus explicou, eles se entenderam. *"E Jesus crescia em idade, sabedoria e graça, diante de Deus e dos homens".* Todas as crianças crescem **em idade**, isto é, os anos passam e vamos crescendo, não dá para ficarmos sempre pequeninos; é nosso desejo crescer em tamanho, ficar jovens e depois adultos. Desde pequenos nossos pais nos colocaram na escola para crescermos **em sabedoria**. Na escola aprendemos as ciências, somos informados sobre o conhecimento humano. O saber humano é precioso. A cada dia descobrem-se novos conhecimentos, novas técnicas e novas ciências. Somos convidados a crescer **em graça**. A

graça vem de Deus. Crescer em graça é crescer no amor a Deus e ao próximo. É aprender a partilhar, a perdoar, a acolher, a amar.

Jesus crescia diante de Deus e dos homens. Este tempo de preparação para a Vida Eucarística é crescer diante de Deus e dos homens.

Vamos 📖 procurar na Bíblia

Lc 2,46-53

☆ Vamos ler com atenção e vamos numerar os itens da segunda coluna, conforme correspondam aos da primeira.

Crescer em...   ...é

(1) Idade...

( ) Amar o próximo

( ) Aprender a ler e a escrever

( ) Andar e correr

( ) Perdoar

(2) Sabedoria...

( ) Acreditar em Deus

( ) Acolher as pessoas

( ) Crescer em tamanho

( ) Fazer contas

(3) Graça...

( ) Usar computador

( ) Obedecer aos pais e professores

( ) Partilhar os bens com o próximo

( ) Praticar esportes

( ) Ficar jovem

☆ Vamos colar ou desenhar:

Colar ou desenhar, no quadro, como é o lugar da sua casa que você mais gosta. Desenhe você, nesse lugar.

Na Sagrada Escritura lemos uma frase muito interessante. Deus promete usar de *"misericórdia por mil gerações para com os que o amam e guardam os seus mandamentos"* (cf. Dt 5,10). As boas ações que fizermos hoje irão trazer benefícios para os que vierem depois de nós. Existe um ditado popular que diz: *"O que plantarmos hoje, colheremos amanhã!"* Portanto se plantarmos flores, colheremos flores. Se plantarmos espinhos teremos espinhos.

Vamos pesquisar em casa, com nossos pais, avós e tios e completar os quadros:

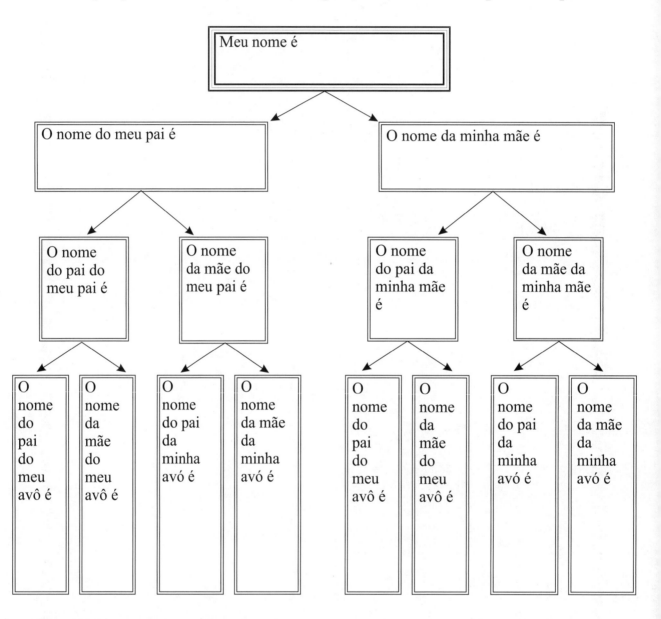

Você montou a árvore genealógica de sua família. Com a ajuda de seus parentes você pode completar, colocando não só os nomes, mas as fotos de seus tios e primos, tanto da sua geração como da geração de seus pais, avós e bisavós, fazendo um grande painel. A inauguração do painel poderá ser a oportunidade de um encontro familiar.

Vamos ler o que o Papa João Paulo II escreveu às crianças

"*Para quantas crianças na história da Igreja a Eucaristia foi fonte de força espiritual, por vezes mesmo heroica [...] Santa Inês, que viveu em Roma; Santa Águeda, martirizada na Sicília; São Tarcísio, com toda razão chamado mártir da Eucaristia, porque preferiu morrer a entregar Jesus, que levava consigo sob as espécies de pão. E assim, ao longo dos séculos até aos nossos tempos, não faltam crianças e adolescentes entre os santos e bem-aventurados da Igreja. Como no Evangelho Jesus deposita particular confiança nas crianças, assim também sua Mãe, Maria, não deixou de reservar aos pequenos, no curso da história, o seu carinho materno. Pensai em Santa Bernadete de Lourdes, nas crianças de La Salette, em nosso século, nos pastorinhos de Fátima – Lúcia, Francisco e Jacinta.*

Falei-vos antes do 'Evangelho da criança': não teve ele uma expressão particular, em nossa época, na espiritualidade de Santa Teresinha do Menino Jesus? É bem verdade: Jesus e a sua Mãe escolhem frequentemente as crianças para lhes confiar tarefas grandes para a vida da Igreja e da humanidade. Lembrei apenas algumas delas conhecidas, mas tantas outras crianças menos conhecidas existem! O Redentor da humanidade parece partilhar com elas a solicitude pelos outros: pelos pais, pelos companheiros e companheiras. Jesus põe grande esperança na sua oração. Que poder enorme tem a oração das crianças! Ela torna-se um modelo para os próprios adultos: rezar com confiança simples e total, quer dizer orar como sabem rezar as crianças. [...] O Papa conta muito com as vossas orações" (Carta do Papa às crianças no ano da família. São Paulo: Paulinas, 1994, p. 11).

Responda

1. Qual a parte desse trecho da carta do Papa que você mais gostou?
___
___

2. Qual é o pedido que o Papa faz às crianças?
___

3. O que você pode fazer e como fazer para realizar o pedido do Papa?
___
___
___

Conecte-se conosco:

 facebook.com/editoravozes

 @editoravozes

 @editora_vozes

 youtube.com/editoravozes

 +55 24 2233-9033

www.vozes.com.br

Conheça nossas lojas:
www.livrariavozes.com.br

Belo Horizonte – Brasília – Campinas – Cuiabá – Curitiba
Fortaleza – Juiz de Fora – Petrópolis – Recife – São Paulo

EDITORA VOZES LTDA.
Rua Frei Luís, 100 – Centro – Cep 25689-900 – Petrópolis, RJ
Tel.: (24) 2233-9000 – E-mail: vendas@vozes.com.br